爱你，么么哒

黄雨轩 著

中国文史出版社

图书在版编目（ＣＩＰ）数据

爱你，么么哒 / 黄雨轩著． -- 北京 ：中国文史出版社，2016.10
ISBN 978-7-5034-8426-1

Ⅰ．①爱… Ⅱ．①黄… Ⅲ．①家庭教育 Ⅳ．① G78

中国版本图书馆 CIP 数据核字（2016）第 254675 号

责任编辑：卜伟欣

出版发行：中国文史出版社
网　　址：www.chinawenshi.net
社　　址：北京市西城区太平桥大街 23 号　邮编：100811
电　　话：010-66173572　66168268　66192736（发行部）
传　　真：010-66192703
印　　装：廊坊市海涛印刷有限公司
经　　销：全国新华书店
开　　本：880mm×1230mm　　1/32
印　　张：8
字　　数：198 千字
版　　次：2017 年 1 月北京第 1 版
印　　次：2017 年 1 月第 1 次印刷
定　　价：32.00 元

序 1

　　不着痕迹,却写出了一本很高明的书!你看她的文字,
一没有文采的刻意,二没有"快叫我育儿专家"的得意,
只是用一支老练的笔,在寻常日子里,用似乎天生的触觉,
挑选出来那些粉嫩的小素材自斟自酌,顺便回答了几个最
酸痛的问题:"我是年轻人——有孩子的快乐应该是少数
时刻的事吧,多数时候令人烦恼对吗?""我有孩子了——
为什么我们精疲力尽却沦陷在保姆的感觉里?"如果允许
我来综合这本书带来的答案,也许是这样的:"爱是一切
的钥匙——我们陪伴天使,不时有求于天使,但从不管束
天使。"正是因为爱到位了,所以她已经开始收获,让这
个世界又多了一丛好风景。

　　　　　　　　　　　——来自江西卫视《金牌调解》的胡剑云

序2

结识雨轩是在三年前。正如你们在书上可以看到的照片，她给我的第一印象，知性里糅杂着性感，安静时却不乏灵动。接触久了，她更像一枚多面的宝石，折射出许多无法想象的力量之光。这些光未必炫目，却坚定沉稳而执着，正如对葡萄、月亮这对孪生姐妹的母爱，沉浸于生活的点滴又超然于生活的平庸，让我们心生柔软与温柔，莞尔一笑，岁月静好。

"陪伴，是最长情的告白"，父母之爱对于每个孩子都是独一无二的珍宝，伴随着孩子的成长，造就着孩子的未来。在这个浮躁忙碌的时代，静心陪伴已然成为一种奢侈品，成人往往以生存的压力与忙碌，远离"好爸爸""好妈妈"的角色，也阻断了身为父母的自我成长之路。

那么，不妨翻开雨轩的这本书吧，让爱与墨香沉淀，在那些琐碎的细节里一起微笑，在微笑里一起感悟生活，在感悟生活里体味成长的曼妙。

——来自江西卫视《金牌调解》资深观察员李小芸老师

自序

　　儿时，在夏季的夜晚，常和家人坐在院子里乘凉，一人拿一把蒲扇，用来驱赶脚边的蚊虫，耳边蝉鸣和青蛙的叫声，仿佛成了美妙的催眠曲。我常常抬头看向繁星璀璨的天空，偶尔一架闪着红灯的飞机划过，若是在白天，还会留下两条深又长的云印，然后停下来看它渐渐散去，直至消失。每当这个时候，我都会问自己，将来，我会坐上飞机像这般翱翔在天空之中吗？然后，我又会飞往何方？或许，我的文艺情怀，就在那时悄然种下了吧。

　　这样的画面，这样的情景，和我此刻的状态是一样的。因为事实是我长大成人后，学习、工作、旅游、飞机成了我再正常不过的交通工具，想想儿时仰望天空的愿望，曾经多么的奢侈。可是现在，我写完这篇自序后，我知道从此我将赋予自己多了一个身份……因为，我从未想过，自己有写字的能力，更未想过，在我看来，我只是随手做的一件事情，不知不觉，积累下来已经可以用这种方式——出版！来给它们一个如此这般的归宿。

　　当你捧着这本书在手上的时候，我知道其实已经有很多人认识书里的两位小主人公了。由于我长期的记录，很多未见过她们的朋友，也都像是跟随我，看着她们长大，感受她们变化一样，隔着文字，他们与孩子之间的连接，也建立了很深厚的感情。他们说我写的故事很有画面感，能真切地将他们代入情境里，如果真是这样，我将为此而感动。

　　孕期的那段日子至今回想起来也是灰暗无光的，所以记录也是从她们出生那天伊始，在此之前，我没有办法写下任何一点有关她们在我腹中的记忆或故事。在她们一岁多的时候，我常常用两根背带把她们绑在我的前胸后背，就这样骑着电动车去买菜，然后在市场门口有家小店，摆着两台摇摇车，我就把她们放下来，一人打赏一块钱硬币，可以玩个五分钟，常去，所以跟老板也混熟了，人家很愿意体谅并帮我照看一下。还有那些无数个生病看病打针的日子，轮流看护她们，最后累得把自己撂倒，这时总有人问我，苦吗？会不会像其他人一样，如果可以，情愿把孩子重新塞回肚子里？而不是像现在这般手忙脚乱？我永远坚定地回答："不！"并且，我真的最多只是觉得身体有些累，但心不苦，更不会觉得乱。因为，我从来都没有慌忙过，我总是不疾不徐地先后安排处理她们的吃喝拉撒，所以，至今她们的性格总体还算温和，没有局促不安，更不会急躁任性。我想，这就是作为母亲，除了照顾好孩子的身体健康，同时，又给了她们无声而深刻的教育吧。

　　我的文字里，没有华丽的词藻，甚至有很多都是口语化的，平铺直叙。当然，更没什么可以拿来借鉴的教育方法或绝招，有的只是一位母亲的背影，身体力行的背影。她们学会了什么是感恩、尊重、爱；什么是隐忍、独立；什么是勇敢、坚强；什么是优雅、可爱；什么是规矩、教养。如果你要问这本书能给你带来什么，那我想除了我跟大家分享一些关于她们的趣事以外，就只剩下能量和美好了。希望通过这本书，你能感受到的不是一位母亲的艰辛，而是正正的、足足的能量，它来自对生活的憧憬。我也常常和身边的朋友们说，亲爱的，你要更美好，无论发生什么，都要优雅从容地去面对。因为我们做这些，除了要给孩子建立榜样，更重要的是学会驯服自己的个性，内心强大，才能真正不为家庭琐碎、不为情感、不为孩子所牵绊。我们要把自己的学习和成长，看得和孩子同等重要，而不是告诉孩子，只要你好，我怎样都可以。

这几年来，得到很多朋友的支持和关注，在我的工作室总是有络绎不绝的人，来喝我亲手制作的下午茶，我们一起享受美好的时光，我们也一直坚持对自己的要求，我们举办读书会，还一起观赏电影，然后分享所有有关美的话题……在每天下午四点的时候，她们就会起身，然后默契地离开，因为她们知道我到点要回家，回到我作为妻子、母亲、女儿的角色。所以我常被问得最多的就是，为什么你可以家庭与事业兼得？我回答她们："如果有人告诉你，家庭和事业不能兼得，请记住，那是她，不是你。"人生中影响我至深的一位老师，她曾说，当你不能呈现自己的美好的时候，你就像是在宣告：你被生活打败了，你被时间打败了，你被手中的工作打败了，你被家庭打败了，你被孩子打败了……而隐藏在这后面的语言就像是：你并不能胜任你的工作，因为它让你焦头烂额；你并非能干的主妇，以至于什么都一团糟；你的生活并不富足，以至于没有任何休闲……当我读到这段话时，就一直不曾忘记！并身体力行将这种深刻的见地传播给身边更多的人，而这种成人达己的初心，也从未改变。

唯愿，我们都能表达最好的自己，因为，我们对这个世界最大的贡献，就是让自己幸福起来。

目录 | CONTENTS

你们来了 | 001

宝贝们五个月了 | 003

搞怪又贴心的小月亮 | 004

心痛不已 | 006

月亮吃醋了 | 008

我的月亮葡萄 | 010

匪夷所思的爱好 | 012

月亮，妈妈失眠了 | 014

母女感应 | 016

每天一点细微的变化 | 017

对付你们生病的日子 | 019

一步一步学着怎么带你们 | 020

好吧，又病了 | 021

你们长大的过程并不只有快乐 | 022

葡萄，妈妈亏欠你了…… | 024

葡萄，妈妈对你有无限的思念 | 026

尽是对葡萄的想念 | 028

又见葡萄 | 029

每一次相见，也意味着分别 | 030

偶尔牵制的情绪 | 032

把月亮给摔了 | 033

能别嘚瑟吗？ | 034

各自都长大了 | 035

小葡萄的古灵精怪 | 037

接月亮回家 | 039

奶能解决的问题 | 042

不要打我头 | 044

跟着姐姐有饭吃 | 045

为什么一直打架 | 046

谁打赢了 | 048

老妈终于回来了 | 050

宝贝有英文名了 | 052

两个小怪物 | 054

打骂都不起作用了 | 056

爱恨交织 | 058

搞怪百事 | 059

耍花招 | 061

葡萄嘚瑟了 | 062

母爱泛滥 | 064

撒娇的妈妈 | 066

画爸爸 | 067

问题总是层出不穷 | 069

反正都只剩下幸福了 | 071

月亮的幸福说 | 073

生病的葡萄过了把老大的瘾 | 074

爸爸和阿姨 | 075

跟妈妈一样漂亮 | 076

妈妈身上掉下两块肉 | 078

妈妈，去看看妹妹肿么了 | 080

妈妈，去看姐姐肿么了 | 081

风爷爷你不要来，我很乖的 | 083

掐架 | 085

一对小冤家 | 087

鬼精月亮 | 089

"霸气"双娇 | 091

长进的葡萄 | 094

月亮女神回府了 | 096

护妹狂魔 | 099

宝贝要上学了 | 102

惊人的默契感应 | 104

致宝宝班老师的一封信 | 106

入园第一天 | 108

入园第二天 | 112

入园第三天 | 114

妈妈回家了 | 116

战争升级了 | 118

感恩我的宝贝 | 120

入园一个月杂记 | 122

学会安然 | 126

隐忍的孩子 | 128

姐妹俩一起睡觉了 | 131

公公帅，爸爸帅 | 134

我的小姑娘妈妈 | 136

我不想长龅牙 | 137

姐妹情深 | 140

说好的一起分享呢？ | 142

那就叫爸爸换一个妈妈 | 144

2014 来了，宝贝有秘密了 | 147

月亮带给我的感动 | 149

两个贴心小棉袄 | 150

妈妈，我们好像姐妹啊 | 152

各有各的审美了 | 155

葡萄的臭美篇 | 157

妈妈，你有两个宝贝很幸福吧 | 159

感伤与感恩 | 167

对家的依恋 | 171

最好的教养在路上——
母女厦门行 | 175

妈妈是旧娘子吗 | 179

生活现象 | 182

我们什么时候长大呢 | 187

我在生妈妈的气 | 189

长大要嫁老公的 | 191

暖心的月亮 | 193

宝贝四周岁 | 197

写给女儿们的话 | 199

你是胖大姐，你有公主病 | 202

独自去旅行 | 205

写在宝贝五周岁 | 207

她们脑海里的我 | 209

荡漾在水边的风情 | 211

这些年的周末 | 212

夜里 | 214

日常 | 217

小聪明和诗意的存在 | 219

优雅的葡萄女神 | 223

葡萄的理性思维 | 226

关于美和可爱 | 228

对葡萄的愧疚 | 230

月亮的创意 | 232

月亮的一片心 | 234

舍不舍得 | 235

神一样的对话 | 236

再见，爱弥儿 | 240

后记 | 243

你们来了

2011 年，听说今天是白色情人节。

然后我拖着整整 170 斤重的身体，自己把自己放上手术台，医生司空见惯的态度，不及我肚子上方那泛着黄光的手术无影灯，还能给我带来一丝温暖和鼓励的感觉。

由于这两个小生命一直以打坐的姿势面对面相拥，还脸贴着脸，做彩超的时候，医生永远告知我的都是看不清四肢和五官。所以，我一直怀着所有母亲都会有的忐忑不安的心情来迎接她们。

麻醉师在我豪无防备的情况下，一针捅向我的腰椎，我下意识地动弹，他居然责怪并告诉我错位要重来。此刻，有多少女人都悲哀地将自己比喻成一头任屠夫宰割的猪呢？我想，那些在我身上动刀子的人，要是知道我不是因为怀孕而影响了我原本的娇容月貌，要是知道我原来是个如此美好的人，一定不会舍得下手那么狠，或者不会那么冷漠吧。所以，那些说怀孕的女人是世界上最漂亮的女人的人，我想说，这真的是个天大的谎言。

然后，他们聊天，谈笑风生，而我，却深刻地感受着他们用刀，一寸一寸地划开我的肚皮，我终于开始去想和期待，我创造的生命，到底是王子还是公主？随着一声清脆的啼哭，破晓般的降临，然后，一串数字在我耳边响起：女婴，没毛病，2.6 公斤，48 公分。我右眼角一滴滚烫的泪珠落下，我内心开始局促不安，开始祈祷，可仅仅只有一分钟的时间，又响起一串数字：女婴，没毛病，2.6公斤，46公分。空气好像凝固了，没有疼痛感，也没有了复杂的情绪，你们的健全，已是我最大的福报，一切，都是最好的安排。

后来，我一直在想，你们，选择今天到来，就注定是你们父亲前世的情人吧。

在月子里的时候，你们好像迅速就长开了，那个在手腕上被戴着"大毛"手环的小朋友，特别爱笑，笑起来的时候，眼睛迷成一道弯，就像那一轮月芽儿，所以取名叫月亮。唯愿你一直都拥有这样喜乐的品质。

戴着"小毛"手环的小朋友呢，好像是与生俱来的气质美女，脸上挂着微微的笑意，黑眼珠晶莹剔透看着你，眼神里充满着善意和柔情，每合上一次眼睛，都不由自主地很慢很慢，然后再缓缓睁开，一种对未知的好奇，和一副无辜的表情，让你内心充满爱怜。所以，取名叫葡萄。

于是，我做了一个决定，就这样，看着你们，从我身体里，握在我手心，揣在我怀里，在如你们一般静好的岁月里，用我最深情的爱意和文字，化作笔端的墨水，流进我们前世就修来的母女心田……

宝贝们五个月了

怀胎十月仿佛就在昨天，那是不敢回想的过往。即便在她们两个月大，我曾一度崩溃时，也没有想把她们再塞回肚子里的念头。转眼两个宝贝已出世五个月了，不得不感叹时间如白驹过隙般，转瞬即逝。不知为什么，我没有别人眼里有了孩子就不一样的忙碌，相反，过得很悠闲自在。我想要对自己好些，所以我应该这样。鲁迅说过，时间就像海绵，蘸点水挤挤就有了。所以，我从来不为自己找借口，特别是现在，想做什么，就做什么吧。这和我对她们的爱无关。

月亮现在的脾气看似比葡萄拧很多，一下没顺她就发躁、耍赖。现在实在是太小，我的教育无从下手，我一直提醒自己，只要她开始懂事，我一定要严加管教，杜绝出现一切有损修养的行为。

姐姐回去一些日子了，葡萄没有像以前那样偶尔发出咯咯的笑声，不知是我不会逗乐，还是她想她大姨妈妈了。不过她和月亮一样，依然知道咿咿呀呀地找人说话，也学会了有意识地抓些玩具在手上把弄。

宝贝，快快长大吧，妈妈希望能更自由些。

搞怪又贴心的小月亮

孩子的一颦一笑，一举一动，原来都可以这么可爱！一个眼神就能让你温柔似水，你还怎么强硬得起来？

月亮一副得宠的样子，越来越皮，越来越得意，我得淡定，得慢慢影响她也淡定！终于明白那些独生子女为什么要比有兄弟姐妹的人更肆无忌惮了！宝贝，妈妈希望你从小就懂得与妹妹分享，做一个有爱心的、无私的、宽容的孩子！

有一天晚上，月亮抱着她的小鸭子睡觉（自从妹妹去了爷奶家，她就与它们为伴了）困得不行了，眼睛也是眯着的，可能不小心抓重了鸭子，它叽叽响了一下，吓得月亮立刻惊醒，嘴巴开始呈八字形状。也许自己想了一下，不对呀，是自己弄的，怪不着别人啊，不能哭的，于是又笑了，再把玩了几下小鸭子，眼皮又要抬不起来了。没想到同样的动作她重复了三次，真是郁闷啊！哈哈宝贝，妈妈只顾笑了，算了，还是帮你拿走吧，月亮这才睡着了。

这些天月亮开始醒得比较早，等我睁开眼睛时，她已经趴在我边上，玩枕头、床单，跟条眼镜蛇似的，但也不会吵到我，真是贴心啊！看到我醒了，咧着小嘴巴就开始笑，你说这一天下来，心情能不好吗？我起来后，先给她放音乐，有舒缓的，也有动感的。然后帮她洗手洗脸洗小屁屁，接着放她到小车子里，拿好温开水，月亮会自己动手喝水了，吧嗒吧嗒慢慢就睡着了。我开始做早餐、家务等，每次全部完毕后，她就会及时醒来，真是神奇的九寨啊！每次月亮见到我第一眼时，总是处于一种亢奋状态，宝贝，这是为什么呢？

月亮在我的精心培养下，完全成了自娱自乐型，自己玩，自己睡觉。我只会在她睡累了的情况下主动抱抱她，宝贝，你别怪妈妈，妈妈除了有太多事要做，更主要的是想从小培养你独立的性格，你并不孤单，因为妈妈一直都在，一直都会保证在你的视线范围之内！

今天就能见到葡萄了，几天前就开始期待！宝贝，你会记得妈妈吗？会不会拒绝妈妈的怀抱？妈妈的心开始为这些忐忑不安，所有的人都说这样分开带你们，将来妈妈一定会偏心，但是宝贝，只有妈妈自己知道，妈妈一定不会！因为没有人知道，妈妈是多不容易才拥有你们！昨晚再一次梦见你，梦见你的皮肤变黑了……

心痛不已

　　小葡萄，我亲爱的宝贝，咳得越来越厉害，她其实很想要睡了，但总是被咳醒，我想就这样 24 小时，竖着抱着她，靠在我肩上让她睡，只要她好受些，但她依然咳得不行，吃了几天的药也不见好，非要走到打针的地步了。是姐抱着去的，我想象着针管插进她头皮的瞬间，心都要碎了，原来这才叫作打在你身上疼在我心上，宝贝，把这些痛苦通通都让妈妈受吧，你还那么小，那么一点点大，怎么忍心让你这样遭罪？

　　记得小葡萄快满月的时候，起了一脸的疹子，你像只小猫一样，用自己的小手不停地来回搓弄，我们想了很久的办法，后来才知道这是胎毒，才总算给你找对了药，好不容易治好了，你和小月亮的头皮又开始不停地冒出嘎啦子一样的东西，妈妈知道你们很难受。那时妈妈没经验，不知道将你们的头皮泡软，然后用密梳帮你们清理，以至于让你们白白受了很多的罪，都是妈妈不好，心里无比内疚。

　　小月亮身体稍微好一些，她的颈脖子没太撑开来，又是双下巴，所以导致她烧裆很严重，轻轻给她擦拭的时候，差点都破皮了，后来抹上木子油，今天看她好了许多。不过不知道是不是我把自己慢性支气管炎的毛病带给她了，她现在只要一待在空调房，鼻子就塞得不行，这种难受我太能切身体会了。可是宝贝，这么热的天，妈妈不开空调，这可怎么活呀，把你们热坏了，是不是更罪过？

妈妈真的不知道要怎么样才好，怎么样才能把你们照顾得更好？

　　小葡萄吊盐水瓶 6 天了，头被扎得千疮百孔，我的心也被扎碎了！宝贝，让你受这样的罪，我怎么忍心？换了家医院，也不要再打针了，妈妈受不了了！还好一直有大姨妈妈陪着你，不然，我又要崩溃了！总算你精神头还不错，咳得那么厉害也不哭，只是唉唉唉的叹气，妈妈知道你难受，宝贝！你已经知道想办法翻身，抓着一侧的被子或栏杆，努力着，加油吧，我的爱爱，你爸爸的命命！

　　小月亮昨天也开始有意识地想转身了，头和上半身已勉强扭向一边，但是下半身却非常吃力地挣扎着。因为小葡萄开始总爱吐奶，所以一直让她侧睡，她翻转身相对要容易些。而小月亮是一直仰着睡的，所以我想更困难吧，不过宝贝，妈妈会帮你哦。你总爱在床上 360 度打转，害得妈妈时不时总要来看你，生怕你掉到床底下喽。

月亮吃醋了

　　葡萄回家已经四天了，家里人太多，闹哄哄的，我几乎停不下手头的事，所以没空坐下来写日记。可是，从小到大，日记占据了我生活的一大部分，成了我很重要的精神支柱，有了天使们，写日记更是我每天必须的工作范畴内的事情。如果要全部整理出来，我想会是很厚很厚的一本书了吧，呵呵！现在能坚持做一件事情的人不多不少，每个人都是矛盾与纠结的，而我执着的恰恰是别人认为不可思议的，或者无法做到的。所以，我一直定义不了自己到底是个怎么样的人？

　　葡萄又长了一脸包包，胃口倒是好了许多，除了脸小，个子基本赶上月亮了。四肢还是略显僵硬，声音还是那么粗犷，性子还是那么野蛮，哭起来更是像会要她命一样撕心裂肺……

　　本来也不算很乖巧的月亮，在葡萄面前就愈显老实本分了，装得一副非常有修养的样子。吃饭细嚼慢咽，玩具随便葡萄掠夺，葡萄欺负她还带上挑衅的意思，她依然微笑，忍辱负重，大有遗传我的基因的感觉，宝贝，这样很好，懂得吃亏的人，终究会有福报的。

　　小年那晚发现月亮全身起疹子，带到儿童医院，医生说是之前发烧引起的病毒湿疹，无大碍，昨天脸上又起了，今早发现全好了，可能毒素已经排完。这几天她总是黏在我身上，看着我抱葡萄，便饱含眼泪，委屈得不行，不像吃醋的样子，因为她并不嫉妒得大哭大闹，只是做出可怜的表情，让你想疼她的心油然而生。

我的月亮葡萄

关于起床。月亮总比葡萄早起，通常月亮早餐用完，葡萄才姗姗出阁。月亮起来睁眼就笑，葡萄起来要先装腔作势哭一顿，把她顺舒服便会配合你穿衣。

关于吃饭。月亮荷包小嘴，总装斯文，细嚼慢咽，吃饱了或不想吃的时候，会嘟嘴往外做喷射状。葡萄嘴巴张大啊啊啊，喂得特爽，已饱时你再往里塞她也接着，只是全含在嘴里鼓包。

关于玩耍。月亮被葡萄欺负的次数略多，不过总体不相上下，关键时刻谁都不是省油的灯。今天葡萄抓了月亮的脸，月亮淡定了两秒，两秒后扁嘴开始哭泣，我哄完她又笑了，回头继续挑衅葡萄。

关于哭闹。两个人都属于好哄的类型，基本不赖皮。不过哭闹声音的分贝却很惊人，尤其是葡萄，跟要取了她的命似的，一般人都会被吓着。动作很统一，都是两脚一蹬，身体往后仰，铁头乱按。

关于洗澡。月亮不太淑女，总喜欢站立到处乱攀爬，很难控制。葡萄下水前总有些害怕，要给她足够的安全感才能渐渐适应。

关于睡觉。月亮出奇的纠结，一直令我头疼。首先睡前要闹腾很久，其次睡熟后还会到处打把式。葡萄不需要哄，放在床上就能自行入睡，一觉到天亮。不过，她唯一的要求就是要个安抚奶嘴。

关于脾性。月亮温和些,常发嗲,着实讨人喜欢的那种。葡萄是典型的野蛮女友型,还带点自虐倾向,因为常常用头去撞墙,蠢得可爱,绝对属于有事没事都可以呻吟的那种。

关于长相。月亮和葡萄的名字来源于她们的眼睛。月亮洋气些,笑容很迷人,现在还常做成熟小姑娘的表情。葡萄属于耐看型,水灵水灵的,五官很精致,老人说的,又是一个"红皮李"。

关于身体。表面上看,月亮比葡萄大一号,可裸体摸上去,葡萄比月亮有肉感,俩人身高体重不相上下。健康状况月亮的体质比葡萄好些。

关于共同点。她俩都爱笑。月亮模仿力强,葡萄认知力强,还都属于五十步笑一百步的类型,一方哭鼻子,另一方绝对看热闹。

目前看上去她俩基本上都是遗传了父母的优点多过缺点。后期教育培养有待加强。

匪夷所思的爱好

在阳台晒太阳的时候，无意发现葡萄的上颚又长出两颗牙。月亮七个月大时开始长牙，等了两个多月葡萄才开始长，而且一长就是三颗，现在月亮还是四颗牙，可葡萄却冒出六颗了，真是给力。

月亮现在明显比葡萄强势了，看到葡萄手上有什么，她都要抢，而且百抢百中，表情淡定，抢完了还一副本来就是我的的样子。葡萄在阳台上坐着时就只能坐着，而月亮一身摸爬滚打的本事，所以葡萄被她抢走玩具，也无计可施，不过她也不哭，任由月亮欺负，表情漠然。

月亮现在有一个爱好，她居然知道拉开枕头上的拉链，把里面的棉絮一点点全部撕扯出来。看着葡萄穿着毛线衫，也总喜欢扯下一坨一坨的毛球球捏在手里玩。洗澡时发现她背上毛毛多又长，用水一淋还打起圈来，那她的爱好跟这个有关吗？呵呵。

小孩的爱好也许都是共通的，打开抽屉，她们能把里面的东西给你往外扔得干干净净，再把地面搞得一片狼藉。只有一个孩子的家庭收拾起来都累得够呛，两个孩子的我就更是累断了腰，只剩下叹息。

现在每天又多了一件事，就是给她俩扎"叼咪子"。唉，真是个不容易干的活儿，要不跟喂药似的，我和妈两面夹攻；要不我像个小丑似的，想尽办法逗她们乐，让她们的注意力全集中到我一人身上。妈的技术貌似好多了，小时候给我和姐姐扎"鸡毛扫子"，不是一个高就是一个矮，不是一个靠前了就是一个靠后了，总之永远都不会有对称的时候。更难过的是因为绑得太紧，把我和姐姐两人的眼角提拉上升，整一丹凤眼，本来眼睛就不大，这样一搞，神马也看不见了。

月亮，妈妈失眠了

月亮，自从确定将把你送去外婆家，我已经三天没睡好了，白天也精神恍惚，就跟当初送葡萄去奶奶家是一样的。因为大人的关系，我又不得不再次将你们分开，这次轮到月亮了，不过妈妈相信，这次真的是最后一次与你分开，请原谅妈妈好吗？

你们越来越大了，可爱得让妈妈一刻都不想与你们分开，你们的一举一动，一颦一笑，都深深地刻在妈妈的脑海里，接下来的两个多月，妈妈都将看不到你和妹妹嬉戏打闹，妈妈该会是多么难过，多么想念呢？可是妈妈要学习爱的能力，承受暂时分离的能力，请理解妈妈好吗？

月亮，去到婆婆家会听话吗？会乖乖的吗？会想念爸爸妈妈和妹妹吗？一定会的，对吧？妈妈尽量来多看你几次，不怕舟车劳顿，我想妈妈只会疯狂地想要见到你，然后紧紧地把你抱在怀里。

月亮，妈妈又担心你会热着，会被蚊虫叮咬，会因为想妈妈而失落哭泣……宝贝，所以妈妈心痛了，失眠了。不过，妈妈相信你外婆一定能把你照顾得无微不至，因为她跟妈妈一样爱你，知道吗？

月亮，你在外婆家会有很多小伙伴跟你玩的，有思宜和玉涵，这么多小朋友所以你一定会很开心，不会孤单的，不过，你会想妹妹吗？你最亲最爱的妹妹哦，你可是常常欺负她呢，忽然她不在你身边，会觉得有什么不一样么？

葡萄，会想姐姐么？会记得这个总抢你玩具，打你屁屁的姐姐吗？不过你们常常打了架又会抱在一起嗯妈嗯爸地亲，这是妈妈最欣慰的呢！你暂时就只跟爸爸妈妈在一起生活哦，姐姐到婆婆家避暑了，因为妈妈答应过你再也不会把你送走了，不过，要想念，很想念姐姐哦。

明天我们就出发了，月亮，妈妈暂时有两个月不能亲身感受你的成长变化，相信你的进步会非常大，不过妈妈每天都会打电话给婆婆或与你视频，好吗？你要好好的，平平安安的，妈妈会很想很想你的，妈妈爱你，爱你。

母女感应

思念是让人生疼的，不过在视频里看见月亮开心的笑容，调皮的模样，我也就不再那么揪心了。宝贝，只要你好好的，妈妈可以把这种分离的痛放在最心底里。

月亮用力闭起眼睛，嘟起小嘴学小花猫的模样真是可爱到家了，不停地做给我看，逗得我笑开了怀，谢谢你宝贝，让妈妈这样笑着。听说你还会学青蛙呱呱呱地叫了？早上起来还学公鸡喔喔地打鸣？月亮可勤快了，天天起得比大公鸡还早，可把婆婆累坏了呢。还双手做赶鸡的样子，嘴里发出哦嘘哦嘘的声音，哈哈！

在视频里看着月亮从床上爬到床头柜，再爬到窗户上，站在那儿淡定地撒泡尿，笑得妈妈半死，却把婆婆气坏了呢，你个小捣蛋，怎么没有一点女孩子的斯文呢？还站着到处拉屁屁。

当然，月亮也常常特别乖的，一喊睡觉，就马上倒下做睡觉姿势，吸着奶瓶，滚两下还真就睡着了呢。

昨晚下半夜我肚子疼，就在想我月亮是不是睡不好呢？今早一问你婆婆，果然是，宝贝，跟妈妈也有感应吗？

葡萄这两天稍微好一些，可以自己下地玩会儿，不再无时无刻不像只猴子一样挂在你身上了。她特别爱看西游记呢，可谓到了入神的状态，一看见猪八戒就超兴奋，还有孙悟空跟妖精打架的镜头她也会挥动着小手学他们的样子，只有在这个时候很容易喂她吃饭哦。

每天一点细微的变化

　　每天早上起床后，我便开始了一天的忙碌。井然有序，没有了慌乱，甚至多了几分娴熟。做着再平常不过的家务，偶尔进去看到宝贝们都在憨睡，我的感觉只有幸福，没有劳累。对于姐姐，我多做一点她就可以少做一些，所以我很有成就感，觉得自己开始懂得如何去照顾别人。对于孩子，看着她们那婴儿特有的天真，可爱的小脸蛋，我总是不敢相信，老天会如此厚爱我？总之，感恩的心，永远都在！

　　小葡萄今天貌似好了许多，我总算舒了口气。俩个宝贝每天都在变化着，咯吱咯吱发出的笑声也慢慢变得频繁起来，我总是奇怪，她们哭起来的时候能那么响亮，为什么她们开心的时候却不总是哈哈大笑呢？😄

　　小月亮睡觉的姿势总是不太淑女，不像她妹妹，人家可优雅了，嘴唇微闭，嘴角上扬，手脚不会乱动，两条腿也靠得很近。她倒好，跟一青蛙没什么区别，伸起懒腰那会儿就更是了，五官统一往上面的方向挤成一堆，简直一大猩猩，着实可爱，可爱得让妈妈只想狠狠地亲你，狠狠地抱你。👤

　　不记得大概什么时候起，小月亮也学到小葡萄那样，总是把盖在她们身上的小毯子，用兰花指牵啊牵，直到把自己的头包得跟阿拉伯人似的，然后就一动不动睡觉了。你要是去看看她们，她们会自己掀开一点点，跟新娘似的看看你，看看外面什么情况。🌐

　　女儿果然是妈妈的小棉袄，贴心得很。每天都不用哄着睡，我想上上网，她们也不闹，吮着手指头，巴嗒巴嗒就睡着了（葡萄是整个拇指放进嘴里，睡着了还不拿出来，所以小手手都潮潮的。月亮只知道放手指尖尖在嘴唇边上徘徊，不过依然可以安然入睡。不过宝贝们，放心吸吮吧，妈妈随时都会让你们的小手保持干净的，大姨妈妈不是说了吗，吃手指有助于智力发育哦）。不到三个月的时候，老大可以一觉睡到天亮，小的也还不错，夜里醒来一两次，很有朝她姐姐方向发展的潜力，真是节省了很多纸尿裤。☺

对付你们生病的日子

今天我给小葡萄停药了。快一个月了吧，吊了十多天的吊瓶，吃了二十多天的药，她大姨妈妈喂都喂怕了，别说让她受这些个罪！尽管她偶尔还有些咳嗽，还在流鼻涕，也还是让她先歇歇吧，宝贝，妈妈的心，疼死了！

小月亮似乎也顶不住病毒的侵袭，被口水呛到的咳嗽也能让我心惊胆战。

葡萄把小手指都吮破皮了，所以我们给葡萄买了个安抚奶嘴。晚上她依依呀呀想说话，我就陪着她瞎吼，她把小手放在我耳朵上，在我豪无防备的情况下一把拽我过去，张开嘴巴就试图咬我的脸，嘿，你啥时还学会这招了？可爱极了！

月亮最近好像不再把舌头放到嘴巴外面来，而是老噘着小嘴唇巴嗒巴嗒响。她已经能很顺利地侧翻身体，今天又发了顿脾气，就因为我没去抱她哄她，唉，真是个小人精！

月亮和葡萄待在车子里的时候，都喜欢仰起脖子看头顶上方贴的小牛图案，特别是月亮，能把身体往后扭成超过 90 度角，小小年纪，"瑜伽功"很厉害嘛。

虽然每天带在身边，但也能明显看到和感觉她们的变化，几天不记录便会被忘记，所以，我应该更勤快些哦。

一步一步学着怎么带你们

昨天请人到家里来给宝宝们理发了，是个女师傅，40岁出头，穿着火辣，我还真有点儿担心她的手艺，呵呵。事实证明我以貌取人是错误的，人家唰唰唰两分钟搞定大宝，再唰唰唰两分钟又搞定了小宝。俩活宝还睡意朦胧，根本没搞清楚状况，就已经变成了100摄氏度灯泡😊。于是，我总结了一个经验，关键时刻定要"快、狠"才能"准"！✊

妈妈来了，宝贝们开始有点陌生的样子，慢慢就好了。我给她们洗澡的时候，妈妈在旁边死盯着，一副要监督我工作水平的样子😊拜托老妈子，我已经很会洗、很会给她们穿衣服了，好不好？😺😊

昨晚上小月亮侧着身子，保持这个姿势一觉睡到了今早七点钟，我真怕累着她啊，给她好好按了按，她还不乐意，要继续睡呢。妈妈轮流把她们姐妹俩抱下楼去呼吸新鲜空气，有妈妈在就是好！

好吧，又病了

很早就带宝贝去了人家介绍的一个诊所，还好，一去就找对地方了。医生听了下说是气管炎，要吊针。没办法，听他的吧。做皮试的时候，月亮没有任何反应，我本以为她会哭，但是她没有。葡萄也只嗯啊了一小会儿，不过，做妈妈的心依然很疼！

我以最快的速度出去吃了个早餐，回来时月亮已经被扎针了，是在脚上。额头还有血印，我知道一定是刚才没有打中血管造成的。她眼角还挂着泪水，不过已经睡着了。除了上次验血，这是她第一次受这种罪。宝贝，妈妈又揪心了……

我抱着葡萄，按着她的手脚配合医生。我把脸贴在她挣扎哭泣的小脸上，什么话也说不出，眼泪在打转，但是我努力忍着。宝贝，妈妈的心真的好疼……

你们长大的过程并不只有快乐

昨天炖了枇杷叶子水，葡萄喝了咳嗽明显好转，但是月亮却依然能听到气喘，我打算只带她一人去诊所了。能不吃药打针就尽量避免吧，再说葡萄已经受够多罪了。

七点半到那，诊所还没开门，我独自抱着月亮坐在附近不算卫生的公园板凳上，想先喂她吃些米糊，再喝些水，时间就应该差不多了。月亮很乖，把自己喂得饱饱的，笑得很满足。我想着她现在每天早上醒来的样子，听到我叫她或感觉到我摸到她了，她会很利索地转过身子向着我这边，两只小手抱着我的脸，要不就凑过来亲亲我，要不就抓起我的手放进她的嘴巴里……然后笑得好甜好甜，眼睛弯弯的，和我小时候一模一样……

医生给她做了肺部听诊，硬说是带点遗传的哮喘，会很容易复发。无语……宝贝，你会好好的！

护士和那医生帮我一起按住月亮的手脚，她反抗得很厉害，我知道，她很怕，又很疼……

第一针打在左脚上，发现药水滴不下来，小脚肿了，赶紧拔掉。

第二针打在右脚上，针刺进去，发现没有对准血管，再次拔掉。

医生拿着软皮管分别把她的左右手狠狠绑住，试图能再找到下手的位置，不过一切都是徒劳……

第三针，把月亮放平，按住她的头部，上帝保佑，终于成功了。

月亮的哭声把我的心撕得粉碎，宝贝，妈妈愿意千疮百孔也不想医生再碰你一下……可是，妈妈不能在他们面前流泪，更不能去责怪他们，妈妈想，他们也不忍心，他们也不想，如果妈妈让他们紧张了，那你会更遭罪……

所以，在他们如释重负地走了以后，在哄住你停止哭泣之后，妈妈靠在你的小肩膀上却再也守不住眼泪的防线……

原来，心可以那么疼，妈妈的爱可以那么疼？

妈妈睁开眼睛时，突然发现你爸爸站在我们面前，我什么话也说不出，我想他都明白。他也更应该体会妈妈的难处，是吗？

葡萄，妈妈亏欠你了……

宝贝，你昨晚睡得好吗？妈妈很早就想打电话来问问，可妈妈怕你睡了，或者爷爷奶奶困了，在忙了……不知道该什么时候才适合？

宝贝，妈妈真正把你带在身边睡大概也就一个半月的时间吧。月子里是你大姨妈妈一直照顾你，你三个多月大的时候一直到昨天为止，也是由大姨妈妈还有婆婆呵护。所以算起来，妈妈真的亏欠你更多。

宝贝，前天晚上，妈妈搂着你睡了一晚，其实妈妈一直知道，你晚上就醒两次，而且醒来就直接哭，直到奶瓶送到你面前，你两只小手猛地一把抱住我的脸，吧嗒吧嗒把牛奶全部干掉便松开，继续憨睡。你可爱的样子，你醒来一看见人就笑的样子，妈妈铭记在心。

宝贝，把你送去爷爷奶奶那里，是妈妈唯一放心的选择，对你月亮姐姐妈妈有一段一辈子想想就难过的回忆，所以，这次选择了留她在身边。这些等你长大后会告诉你，我想你是妈妈最贴心的小棉袄，一定会理解和体谅妈妈今天所做的无奈的决定，是吗？

宝贝，从决定把你送走的那刻起，我只想不撒手地抱着你，看着你。送你去的路上，你一直安安静静躺在我怀里，很乖很乖，一双似懂非懂的眼神，宝贝，妈妈的心都要碎了，可是，妈妈没有办法……

爷爷奶奶的爱和妈妈一样，你要好好的，知道吗？妈妈一定常回来看你，再长大些，妈妈就把你接回身边来，再也不离开你了，宝贝，妈妈爱你！爱你！！

葡萄，妈妈对你有无限的思念

我的小小宝贝，你今天好吗？习惯吗？妈妈知道，你尽管还很小，但突如其来给你换了个环境，你肯定会有些不适应，因为妈妈已经看出你有些遗传妈妈细腻又敏感的内心。可越是这样，妈妈越想念你！宝贝儿，妈妈只能把对你的思念放在肚子里，你明白吗？妈妈不可以总打电话来问你的情况，因为妈妈既然把你交给爷爷奶奶了，妈妈就不能这么做，你长大会懂的……

宝贝儿，好好吃饭，好好睡觉，妈妈对你有无限的思念，爱在心里！想在心里！你的样子，时刻在妈妈的脑海里！

快一点了，你该醒着要奶喝了吧？你睡得好吗？妈妈这样真不好，也许会让被爱的人有负担，只是你还小。如果你懂得心疼妈妈了，一定不想看到妈妈这样是吗？我的宝贝？

妈妈把手机，电脑桌面，全换成了你的图片做屏保。总忍不住触摸你的小脸蛋。宝贝，月亮姐姐好像也感觉到她暂时少了个伴儿，表现不乖，不习惯的样子。你也是，对吗？你们都是从在妈妈肚子里，就一起倍伴着成长的。妈妈希望你们一辈子都能相亲相爱，好吗？

葡萄不在我身边第二天了，我度分如年。宝贝，你好吗？

葡萄，妈妈一天都没有打电话来问问你了。妈妈每天都要仔细端详你的照片，晚上也一定看了一遍又一遍关于你的视频，你斯文的笑声，淑女的样子，优雅的仪态……

妈妈无不心动！你的指甲又长长了吗？不要乱抓自己的小脸，等妈妈回来帮你修剪好吗？你像妈妈的那乌黑浓密的头发又长长了吗？

我的葡萄宝贝，听奶奶说，你昨天去老外婆家了？你开心吗？奶奶说你好会好会笑呢，妈妈能想象，能想象我宝贝的哭也好、笑也罢的样子！今天妈妈开始第一次用调羹喂姐姐吃面条，第一次用 BB 油给姐姐按摩。葡萄，妈妈说过，等你回来时，妈妈一定加倍补偿你！

听说葡萄今天打预防针时没哭，是拔针时才哇哇大叫起来，我的宝贝，妈妈的心又疼了下，抱抱你吧！爷爷奶奶说你现在好会生气哦，一下没感到你的急就要跺脚是吗？呵呵，宝贝，妈妈不希望你这样哦，不过你现在还小，长大些妈妈会以身作则教你做一个脾性温和的女孩子。这些天，你好吗？也和月亮一样喜欢听音乐么？爷爷奶奶说你一听到爸爸的电话异常兴奋是吗？宝贝，如果这么小就知道找爸爸了，那该多好！小葡萄，这几天你也学着做"眼镜蛇"式了是吗？奶奶说你手被压着拿不出来就哭？呵呵，宝贝，加油，没事的，过两天你就会了，知道吗？妈妈又想你了！

尽是对葡萄的想念

　　宝贝，妈妈昨晚又梦见你了，梦见带你住在一个破宾馆里头，妈妈跑到大堂去帮人家擦鱼缸，一看是凌晨四点钟了，妈妈想这会儿宝贝都是该要闹奶喝的时候，于是赶紧扔了手中的工具跑去房间找你，妈妈不停地自责担心，怎么能让我的葡萄一个人睡在那里呢，怎么能饿我宝贝的肚肚呢？等我冲进房里看见你时，还好你还没醒呢，可是两个眼角却有蚊子叮的包包，妈妈的心疼死了，然后就哭了。醒来发现原来是梦……宝贝，妈妈上次梦见你，是你被陌生人拐走了，妈妈也是吓得哭醒的……我的小葡萄，你知道妈妈有多想你多想你吗？想你乖巧的睡姿，想你哦哦哦的声音……

又见葡萄

　　见到葡萄之前，我两次神经质地打开家门，以为是我的宝贝回来了，我是有多么的迫不急待？内心怎么会有跟要跟小情人见面似的期待和紧张？她终于来了，没有拒绝我的怀抱，还是一样的温柔，一样腼腆的笑容，我好欣慰，宝贝似乎长大了一些，倒也白了许多，长得水灵灵的。我抱着她一下都不肯松手，努力着不让泪水掉下来。还好，她并没有表现出陌生的样子，可是宝贝，你再长大些的时候，你会吗？小葡萄挺活跃的，看到姐姐伸手就去挠她，月亮吓得一脸哭相，原来她长期待在父母的庇护下就是要娇气许多，因此我更觉得亏欠葡萄了。不知为什么，葡萄又开始像以前那样老吐奶，还一直流口水，手帕一步也不离开，宝贝，你一定难受是吗？希望你慢慢会好起来。我发现葡萄的腹部比较有力量，她平躺在床上，我两只手勾住她的小手，她可以自己用劲坐起，然后两个小脚一撑便可以站立。

每一次相见，也意味着分别

吃完晚饭，小小宝贝就跟着她爷奶回去了。我计划要这两天要时刻黏着她的，我计划这两个晚上要抱着她睡的，我计划她会走路时就接她回来的……可是，我有做不完的事……一切都让我这个做母亲的变得遥不可及！

葡萄的变化。如果你假装要去亲她，她也会假装钻进抱她的人的怀里躲猫猫。她现在翻身子还没她姐姐那么灵活，但她会跪着往前爬。半夜找奶喝的时候，依然发出撕心裂肺的吼叫，什么叫急红了眼，就是她那样的！我独自抱着她进房间，想跟她聊聊，我问葡萄，宝贝，还是你回去跟爷爷奶奶好吗？我还说了宝贝，要不把你留下来，把姐姐送去吧，好吗？她都一个表情，无所谓！不过，在看到我眼泪掉下来那刻，她似乎有了微妙的变化，停止了她正摆动的四肢，眼神也变得柔情一些了，宝贝，你真的懂吗？你居然还举起了双手来触摸我的脸庞！

我换了月亮，独自抱她回房间。我摸着她的头，问她，宝贝，妈妈想把妹妹留下来，好吗？她的表情有些无辜和害怕，她就这样安静地看着我，从来没有过的安静！就像当初我看到她一个人待在嫂子家的闲置客厅里一样！宝贝，你知道吗？妈妈有过要换你去的念头，但是我自己知道，我不会再做让妈妈一辈子都心不安的事了！所以妈妈想请你放心，你别怕，你会一直在妈妈身边！其实她这两天也表现出了失落的样子，相信她一定感觉到爸爸妈妈把重心都移到转妹妹身上了。不过，她没有哭闹，就好像懂得，理解我们一样！做到了她作为姐姐应有的大度！宝贝，你很棒！

月亮，葡萄，妈妈的爱在心里！

偶尔牵制的情绪

月亮才几个月，却在她身上看见了我的影子，她有察言观色的本能。昨晚她又因为睡觉而辗转反侧，折腾到将近十二点，一股莫名的燥火由心而生，我冲着月亮嘶吼了几声，她马上安静下来，接着闭上眼睛就睡了。眼角还挂着泪水，表情也充满着委屈。宝贝，为什么你总是在睡觉这件事情上让妈妈头疼呢？我坐在她边上看着她的小脸，回想起她平时的样子，其实月亮真的很乖，我的喜怒哀乐牵动着她的每一根神经，她真的好像明白我什么时候是真的嗔怪她，什么时候是真的生气了。月亮可能事含着一肚子委屈入睡的，所以凌晨三点她又突然大哭，我气到不行，也许我真的被生活磨得越来越没有了耐心，浮躁不安，我甚至开始有摔东西的冲动了！孩子她爸过来把月亮抱走了，我黯然神伤！宝贝，对不起，妈妈也不知道妈妈到底怎么了？

月亮没跟我计较，早上看到我的第一眼依然以微笑示人。宝贝，妈妈不知道你长大后漂不漂亮，但妈妈会告诉你，你的笑容真的很美，很迷人！妈妈希望你一直是这样的！妈妈喂你吃早餐的时候，你用小手轻轻抚摸着我的脸庞，我闭上眼睛享受着你丝绸般嫩滑的掌心，温暖至及！

把月亮给摔了

昨天去给月亮放洗澡水，不曾想就那一会儿工夫，我在卫生间听到"砰"的响了一声，接着便是月亮哇哇大哭，我冲进去看到她时，她正趴在地上挣扎，我的天，我一把把她抱起，搂在怀里，上帝保佑我的月亮好好的，行吗？那一刻我难过、内疚得只想去死！我的宝贝，妈妈都做了些什么？很快就哄住了你，妈妈过份的希望在这之后你还能笑一个来证明你没事儿，以此来宽慰自己抓狂的内心！我的宝贝，原来你真的是好好的，晚上给你吃了很好吃的东西，第一次用汤匙喂你，你吃得很欢，一直用小手不停地拉着妈妈的手往自己的嘴里送。我惶恐不安的心终于开始逐渐恢复平静。宝贝，你一定会好好的！

能别嘚瑟吗？

月亮这两天有点得意，我要把泛滥的母爱收敛一下了。她现在是坐着、站着、躺着，耍起赖的时候，双手都要举过头顶，永远一副体操运动员谢幕的姿势。更是要花费我好一会儿工夫才能将她搞定。

这几个晚上，月亮特别不乖，总是半夜三更眯着眼睛还爬起来，我又担心又觉得她样子好逗。她两个手撑了一会儿后便会松软下来，然后倒向一侧，开始拳打脚踢的，手还特别重，我两次被她弄得火冒金星，她竟然能这样折腾一两个小时，我实在是困，又不敢怠慢，再也不敢让她掉倒床下去了。今晚上她又瞎胡闹，我第一次声音大了些，好不容易哄到她睡着了，睡了没半个小时她就突然哇哇大叫，怎么哄都不行，就跟报复我刚骂了她似的。我的宝贝，你还小，妈妈就算教育你，你也不明白，所以先让你闹吧。

各自都长大了

爸爸有一天突然打电话来,问我葡萄有没有月亮懂事,我说应该不相上下吧,爸爸可得意了,就想比个高低出来,于是列举了几个例子。

一、话说妈去上厕所,发现没有纸了,就让月亮去帮她取些纸巾来,月亮噔噔噔跑到离卫生间大概有二十米的客厅,抽了满满两手的纸巾送去给妈妈。

二、话说有人假装要欺负妈妈,她不懂誓死捍卫就以愤怒的表情极力反抗着,最后还是让你听到她撕心裂肺的哭声被彻底击退。

三、话说她要妈妈带她去找妹妹,妈妈说等一会儿,便看见她爬到沙发上拿着摇控器把电视关了,再慢慢溜下来,接着把电风扇关了,出去的时候还把门带上。

好吧,貌似月亮比葡萄懂事,其实葡萄也懂,她只是没月亮那么会表达,不过,我怎么都有种窃喜的感觉呢,呵呵,你们,全是我的孩子。

葡萄开始知道找帮手了,昨天带她在朋友家吃饭,那有个小哥哥不肯跟她分享玩具,她跑到十米远的饭厅拉我过去,然后像哑巴新娘那样啊啊叫,指着小男孩再指着玩具,原来是想找我过去帮忙抢回来呢。

葡萄最近迷上《小小智慧树》了,把陪伴她的第一部动画片《巧虎》忘得一干二净。她明显在告诉我曾经给她看《巧虎》是多么幼稚,因为她再也没有无动于衷地坐在沙发上发呆，而是跟着里面的小伙伴手舞足蹈，有模有样。

葡萄好像还遗传了我的整理癖，零散的玩具或物品她总能主动地或按我指定的地方收拾归纳好，这点让我特别欣慰。

再过半个月，月亮就回来了，我每天都在期待着……

小葡萄的古灵精怪

一岁半算一个阶段吧，葡萄的变化真的大了很多。

她已经会主动开口跟我学说话，有时口齿清晰，比如昨天还学舌了三个字的"拿不到"，之前我在涂身体乳液，她还冒出"没洗脚"的天语。有时候绕不过，但音调是准确的，所以稍微揣测一下也能明白她的语言。

最近她也常常跟我吵架，在我没有满足她要求或制止她某个动作的时候。她嘴里念念叨叨说些"叽怕怕，怕叽叽，和鞋宝宝"之类的东西。嘴巴是嘟起来的，痛恨的时候表情几近狰狞，甚至会在我肩膀上狠狠地咬上一口，让我痛不欲生。

她也很会表达自己的意愿，想喝什么想吃什么都会带我去拿或者能自己取到的便主动动手，这点她一直要比月亮勤快许多。今天天未亮她就醒了，坐在一旁叫妈妈，我抱抱她问她要喝水吗？她不吭声，我再问她是要喝奶吗？她点点头。于是我让她躺下等妈妈，她就很乖地睡下了。

模仿我"抖肩""摆胯""屈膝"，甚至瑜伽里的英雄坐姿或顶峰式等，她样样在行。宝贝，你是多有天赋呢？

关于看动画片这点我很是欣慰。首先她在看了十五分钟或半个小时后，我说该关了，她不会哭闹，而是很配合地停下来去寻找别的玩具。她也会学以致用，跟着拍手，摇摆，蹦跳，甚至唱歌等。

其实总体来说葡萄算个古灵精怪的小朋友，我最近常被她逗乐，表情和眼神都是带着调侃、戏耍我的样子。比如跟我玩儿捉迷藏，或者在我蹲下的时候从背后突然左一下、右一下地探个头出来，笑得很诡异。

我买来一把海绵拖布，她为了使用它，蹲在地上不停地撒尿，撒得没尿了，看见她在用劲，以为她要拉屎屎，没想她使出吃奶的劲硬是再挤了几滴尿出来，然后快乐地来回拖地，好吧，你赢了。

她现在还会给我挠痒痒了，真是贴心的小棉袄啊，大声地叫妈妈，然后抱住你的腿用祈求的眼神嗲嗲地叫你抱抱，看见我抱别的小朋友，委屈得一秒钟就能掉下眼泪的葡萄，呵呵，越来越大了。

接月亮回家

怀着忐忑的心、"顶着冒险的精神"、"贪着国家的小便宜"上了这免费的高速，"来回"竟然一路畅通。中途出现了一个小插曲：前边50米处一辆桑塔纳玩360度大漂移，我先以为是爆胎，后推测应该是车主打了瞌睡，幸好他左右都没有其他车辆，不然必遭飞来横祸，阿弥陀佛。在我经过他时，发现他一动也不动，估计魂都给吓没了。

见到月亮时她正酣睡在床，她爸三个多月没见到她了，在忍了两忍的情况下硬是把她亲醒了。她第一时间叫了妈妈，然后是爸爸。我把葡萄抱来她又叫了妹妹，声音不是很大，脸上带着羞涩的笑容。那一刻我又想哭了，因为她带给我们的感动，尽管如此年幼，她却从没忘记过我们。

葡萄开始有些不知所措，月亮主动拥抱还亲吻了她，表现得非常热情。葡萄头几个回合是配合的，后来发现我一直拥月亮在怀便不太高兴了，咿呀乱叫，还推搡着月亮。月亮木然地看着她不做声也不反抗，两人的表情有明显的都市和农村气息。我把她们都抱起来，一人各坐一只腿上，葡萄方才罢休。

我一抬头发现客厅几乎站满了人，我那些七大姑八大姨的，有来看葡萄长啥样了的，有来看月亮见到我们将如何反应的，呵呵，总之热闹得很啊！尤其是看姐妹俩耍宝时，一屋子大人笑翻了天。

先是跳舞。葡萄作为省城来的，着实好好表现了一番，根本不怯场，看到大家夸她，她扭得更带劲了。月亮开始只会绕手腕，但看大家都把目光投向葡萄时她有些不甘示弱，也开始摇晃着身体，但动作明显没有葡萄洋气。不过只有我知道，其实月亮在八九个月大的时候乐感就非常好，只是这段时间未接触音乐才会变得相对迟钝吧。

然后是抛媚眼。葡萄还不由自主地把下巴抬起，兴致来了居然还送个飞吻什么的。月亮看她那样就是学不来那媚劲，只能停留在她学小花猫紧紧闭着眼睛撅着嘴巴的样子。看着她们这样爱表现，我似乎还回不过神——我竟然拥有两个这么可爱的天使。

酒店门口有一块带坡的草坪，这里就充分体现了山里孩子和城里孩子体力的区别：月亮非常悠闲地上坡下坡，不会给你丝毫有惊无险的体验，仿佛长年在乡下看牛看惯了的牧童；葡萄则不牵着大人的手根本不敢往前迈步，没几个来回便气喘吁吁嚷着要抱，对她姐姐更是一副羡慕嫉妒恨的样子。

酒店大堂灯火辉煌，照得地面都反光，月亮跟过桥似的小心翼翼地挪着步子，一路还嘟囔着"许，许，许"。（她以为是水）唉，我可怜的娃，其实你来这里住过的……

坐在车上，月亮跟没见过世面一样看着那些霓虹灯憨憨傻傻地笑，走到某处或看到某物总是充满好奇和新鲜感，还常常特别粗鲁；葡萄则跟大家闺秀一样，斯文且安静。不过月亮的语言能力要比葡萄强很多，你说什么她都愿意开口跟你说，今晚还跟我从零念到了九，让我特别惊喜，感觉一下子从教给她们知识的过程中找到了无穷的乐趣，而不是像以前一样觉得枯燥无味。

现在好了，月亮除了称呼长辈和说"不要"二字，其他说的都是土话。不过就连"不要"二字，她都常常念成"嗯鸟"，要水喝的时候硬是跟你说"许"，"下来"非要跟你讲"哈累"，"走"便直接跟你讲"囦"……唉，让我哭笑不得，不过应该来得及纠正吧。

话说姐妹俩感情不是一般二般的好啊，她爸说他看出来了，就是我跟我姐姐的翻版。虽说她们也常打闹，由开始葡萄的强势转为现在的弱势，月亮快速地将局面扭转占回原本就属于她的上风，导致现在葡萄看见她就主动避让三分，或知道是属于月亮的玩具但没经过她允许（所谓允许就是月亮主动给了她，或是笑着的，起码不是眼睛横着她的）她便根本不敢动。月亮呢，推了葡萄又总去嗯嘛嗯嘛地亲她，嘴里还念着"摸摸"什么的，开始时葡萄有些不知所措，现在也基本不买她的账了，因为看懂了嘛。

刚回到家，月亮可能有些陌生，探头探脑地左看右看，然后发现了角落里的玩具，记起了她的木马，鸭鸭……开始了两姐妹的疯狂，那战场怎是一个乱字了得。

所以，现在一篇日记也许要花几天我才能整理好，因为思维逻辑全乱套了。还有就是，真心没空。

奶能解决的问题

　　以前葡萄不在我身边，我再见她时她总能给我无比惹人怜爱的眼神，那是委屈的，无奈的。如今再见月亮，我虽也有愧疚，但她总是痞痞的样子，让我哭笑不得。今天，妈回赣州办退休手续去了，我的心为月亮一阵揪疼，我想她一定会很想她的外婆，会在惊觉外婆不在后涌起无尽失落……

　　喂到三分之二的时候，电视里音乐响起，葡萄坐不住了，从板凳上下来开始摇曳她美丽的舞姿——昨天刚学会的"摇头十八颈"，不知道的还以为我给她吃了什么神仙水吧？好吧，就当欣赏表演秀了，可是，为什么你们要在这种时候尿尿呢？我要是去拿拖把，她们肯定就在那踩水花了，伴随着她们脚底下那双叽叽响的鞋子，画面一定很"美"吧。我已经从她们迫不急待地等我离开的样子看出来了，所以我当机立断此时把她们喂饱要比搞卫生来得重要得多。

　　洗澡了，娘仨一起洗的。桶里放一个，手里抱一个，完了拿块大浴巾裹粽子一样把她们打包起来，往往这种时候我都有惊人的力量。我依然很庆幸，因为天气还算暖和，不至于冻着她们。这些个羞死人的，都不肯再穿裤子，连哄带骗，再加点暴力，硬是就范了，这么费劲的我无须再苦恼饭前结束、饭后开始的减肥了。

　　该睡觉了，一人扯一边裤腿发奶瘾，既然是奶能对付

的问题就不算问题，一人赏一瓶。我依然庆幸，月亮可以
自己入睡，虽然她半夜还要再喝一次奶，葡萄要哄，但可
以一觉睡到明天早晨。现在，她们都已进入梦乡了，希望
不要再给我添什么麻烦，让我备足精神迎接第二天的战斗。

不要打我头

　　幸福有很多种，比如天使们终于安然入睡了，我可以暂时拥有属于自己的私人空间。

　　今早六点多，她们双双起床，彼此睁开眼睛第一件事情就是月亮找妹妹，葡萄找姐姐。她们俩到底是有多好呢？我给她们穿好衣服鞋子，隔了一夜未见总算有点新鲜感，不至于那么快打起来，所以能玩到一起去。

　　半晌午过去了，两姐妹开始为争夺玩具而打架。月亮要霸道很多，手里拿不下了还要全部搂到自己跟前，典型的占着茅坑不拉屎啊。葡萄就只会哭，当她发现哭根本解决不了问题的时候，便开始反击，这下反倒把月亮给吓住了，于是一起鬼哭狼嚎。妈妈可不是很有兴致在这种时候还给你们拍照，而是你们成长的过程总有不笑的时候嘛，让你们长大了都看看自己小时候啥样子。

　　葡萄说："不要打我头。"然后转过头向我告状，拍着自己小脑袋再和我重复一次，"她打我头哦。"口齿不是很清晰，但"头"这个字咬得很准确，加上表情，我想一定就是这意思了。我责怪月亮："你怎么能打妹妹头呢？"她一副吊儿郎当的样子，然后屁股拱拱，小肚子挺挺，一溜烟跑了。

　　为了中午能一起睡觉，我只能把她们煎熬到实在顶不住了，然后背上驼一个，前面抱一个，哼着自己听了都想吐的"我有一只小毛驴"。除了这个我真的不会唱别的了吗？为什么一开口就是这个？郁闷。

跟着姐姐有饭吃

昨天夜里一点，月亮迷迷糊糊地说："嗯嗯，鸭鸭，嗯嗯，鸭鸭。"我来个鱼跃翻身，好家伙，还真是闭着眼睛拉了一泡屎屎出来。小孩的世界真神奇啊，真心羡慕她们打着嗝还能入睡，睡着了还能拉屎的功能。

中午做饭的时候我交代她们不能打架，随后便没了动静。我偷偷跑去看她们，原来双双在小房间捣蛋，月亮力气大把本来镶嵌在小桌子上的工具箱提了出来，我看葡萄一脸崇拜地望着她，之后的一切动作都是一副"跟着姐姐有饭吃"的样子。

后来葡萄无故耍赖坐在地上不起来，我哄也不行，就让月亮去。月亮先站在那吼了两声，我说你去抱妹妹起来，她就抱，可能抱不动吧，她就改牵她，葡萄便不哭了，然后乖乖跟在月亮屁股后面啥事也没有了。

吃过中饭我开始有些犯困，我问她们睡觉不，两个都摇头，气死我了。我倚靠在床头，终于有点恋上这张床，心想把房门关起来吧，你们不睡我先睡了，后来我就这样做了，可没多会儿工夫，让姐妹俩抓我脚心，痒醒了。

下午带她们去楼下，有了之前的经验，心不再那么忐忑。她们果然很乖，牵着手走，因为穿的不一样，有人问我是龙凤胎吧？好吧，是的。在那里看到一位穿着貌似精神病院服的人在练太极，她们看得可认真了，月亮先是鼓掌，然后还模仿起来。

总结，今天勉强顶住。

为什么一直打架

今天总算睡了个懒觉，七点起床。葡萄则是在近八点时被月亮咯咯咯的笑声给唤醒的。

今日又打了 N 次架，起先月亮总是无故推搡葡萄，葡萄在隐忍了几次后终于狠狠地在月亮的食指上咬了一口。月亮大哭，满腹委屈地跟我说"阿呜、阿呜"。再后来月亮自己不小心摔了跤，又大哭，葡萄站在旁边笑，仿佛说："活该吧！"月亮立即停止哭泣，用手指着葡萄，瞪着她乱叫，似乎在说："你还敢幸灾乐祸？"于是又想对葡萄动手，我制止了。随后月亮由于自身的原因造成的磕磕碰碰，她一概都说："妹妹，打。"

葡萄趴在床上，月亮竟然低头去亲她的小屁股，我见状也去亲了一口，结果嘴巴刚送上，她一个响屁放了出来。好吧，声音不重要，臭味也不重要，关键是一股很强的气流直冲我的脸部，仿佛刘海都吹飘起一撮。

月亮终于找回她的乐感，音乐响起，和葡萄一样摇曳身姿，对所有她叫出不名的东西统称为"啊啊"（第三声和第二声）。葡萄也被她带回来的土话感染了，开始把"不要"说成"嗯鸟"。

她们都已长高到能够得着大门的锁，做午饭的时候忽然发现人没了，吓得我半死，原来自己打开门站在走廊上，正琢磨着如何出去。当然，这都是月亮干的，葡萄是紧跟其后。

　　总结，今天又跟打了鸡血似的，天天亲吻她们几百次，爱得咬牙切齿，她爸说："恨不得揪下一块肉放口袋里带着上班。"呵呵。

谁打赢了

七点起床，就开始战争升级。这个月亮真是把我气到不行，在楼下看她对待别的小朋友，我才发现，她典型的"我的妹妹我才能欺负"的恶劣行径。从 biajibiaji 几巴掌在葡萄脸上，到现在一个手能把人家小脸上的五官揪成一撮，再一拽或一推把她撂倒在地，分分钟啊，我转个身她就开始肆意妄为了。

上午两个人坐那玩，一起大哭，我跑去问谁打赢了？月亮马上说："妹妹。"我说："是吗？妹妹手上什么也没有，你倒是一手的玩具，一看就知道谁抢了谁，还敢说是妹妹打赢了？"这次我是真生气了，狠狠地教训了她一顿，好家伙，那委屈的小样，嘴巴嘟得都可以挂上一尿桶了。

她们怎么那么爱吃那橘子呢？我终于知道什么叫大人吃点东西要藏起来的严重性，她们是看不得你嘴动啊。月亮还真讲究，那橘子胰硬说是皮，通通吐掉，只吃里头的精华，葡萄则用力吸吮橘子的水分。只有这种时候俩人才能安静地、不约而同地并排坐一起，你喂我我喂你地吃，好像俩人多要好似的。

今天来了一位志愿者，熊妈妈来看她们了。还带了竹炭花生，有奶便是娘啊，她们马上就黏上了，凑上去吃得胡子拉茬的，零食够了，有力气在那吊杠啊、蹦哒啊、耍宝啊。

葡萄非常有孝心地、正儿八经地给她爸穿鞋带，好有爱心的样子,看着都感动,月亮就会土老冒一样地争夺一番,然后还恶搞。

总结,老妈明天就回来了,要解放啦。所以,可以晚睡会儿了。

老妈终于回来了

老妈下午四点到，所以我还要坚持到那个时候，只能说暂时告别这水深火热的一周，依然还要忙碌向前。

昨天夜里我几乎无眠，不知道月亮是因为还在记着我白天教训了她，还是吃了橘子上火，总之嗯嗯啊啊了一晚上。早上六点她又率先起床，还故意似的大声喊妹妹，挑衅味十足。

她果然又对葡萄动手了，我揍了她，她不再像过去那样委屈撒娇哭鼻子，而是厚脸皮地说"嗯鸟"，然后趁我不注意接着干那些痞得不能再痞的事。

葡萄现在看见她就绕路走，没来得及绕开她就紧闭着眼睛，双手环抱着自己，然后靠在墙上和角落准备接受月亮的暴力，样子真的好可怜。月亮这个兔崽子我要好好想个法子对付她才行。

月亮还干了令我大跌眼镜的事，她竟然亲葡萄屁股上瘾了，我亲眼看见她脱了葡萄裤子在那儿啃得人家哇哇乱叫，我怎么生出这么个活宝啊。

还有，月亮多么霸道，葡萄玩什么她都要夺走，一个"踏取"（Touch），一个"爱派"（iPad），她要全占着。你是有多会玩呢，而且还不愿动手。什么都拖着你去刷屏，葡萄只有站在那看的份儿，不然就是她玩得呕吐了，葡萄才敢战战兢兢去捡过来玩一会儿。

月亮的舞技倒是大有进步，居然还学人家"江南斯代尔"

的骑马舞，当然，通常还是更像只大猩猩那样举起双手旋转到晕。也不能总说她的恶劣行径，这小子也有好的时候，比如什么好吃的，她都会主动先拿给葡萄分享。

葡萄特爱吃海带和红枣，吃什么、玩什么、看什么都比月亮矜持和有长性。昨天经过月亮的一番闹腾，我把橘子藏起来了，谁知我偷偷在门背弯手拿了一个出来，就让葡萄给瞄上了，然后轮番上演抢夺大战！她躺在地上犹如一摊烂泥，汤匙都舀不起，好吧，你又赢了！

老妈终于回来了，大家一阵狂欢，跟炸了窝似的，都黏上她了。家里刚好新安装了一对音响，就跟玩派对一样在那就着我的肚皮舞音乐蹦啊跳啊，老妈累得上气不接下气还差点把大牙都笑掉了。我偶然发现葡萄会坐在那踩拍子了，还一边非常认真地瞄说明书。

总结，解放喽⋯⋯

宝贝有英文名了

远在上海的姐妹雪，帮天使们了好听的英文名。Grace（格蕾丝），优雅、美好的愿望的意思，很适合葡萄；Emma（艾玛），她说是简·奥斯丁小说里的主人公，听上去很活泼的样子，月亮很喜欢，一直念着这个词，而且发音超准。

月亮的童言童语能连续说四到五个字了，比如谢谢某某。今早问她："妈妈十八岁就把你嫁掉好不好？"她说："不要。"我说怎么呢？是舍不得爸爸还是妈妈？小没良心的说："爸爸，米妈妈（她大姨妈妈）。"

葡萄也慢慢地愿意开口学说话了，还会鞠躬90度说谢谢大家。她得意起来的时候动作极其夸张，走路踮起脚，全身都摇晃起来。样子有点过了，以至于她姐姐都看不下去，总忍不住过去敲她两下脑袋，满脸警告地瞪她几眼，仿佛在告诉她："你别太嘚瑟了。"

两姐妹的战争在我严厉地教育了月亮之后有所改善，她总是在举起手又被我见到的瞬间，马上由打改成抚摸葡萄。葡萄在安全了几天后开始失去警惕，而且还不知天高地厚起来，居然会挑衅月亮，不是拍她的脸就是趁她不注意踹上她一脚两脚。最让月亮无法忍受的是，月亮还没靠近她，她就大叫想引起大人的注意，月亮干脆重重地推她一把，仿佛在叫："我没动你你也哭，那就松动松动你的筋骨算了。"

月亮终于开始专注于《小小智慧树》，舞技大有进步啊，半蹲着左右扭屁股，双手更是上下前后地转动，两人的旋转功夫好像都不错。昨天我自己开始做仰卧起坐来影响她们，果然凑效。姐妹俩都很积极地想要尝试，手劲都很足，我压着她们的脚，用手轻轻一带，基本靠她们自己的腹部力量就能起来，运动要从小开始。

昨天给她们买了贴纸，好了，墙上、桌上，她们自己的脸上、手上，甚至屁股上，全贴满了，小孩都爱这玩意吗？

关于我的娘，唉，真是可爱啊。今天电视里播一电视剧《女子别动队》，她看得极认真。我说："妈，这你不是看过吗？"她说没啊，我说这就是你以前看的《女子炸弹部队》啊，只是改了名而已。她说怎么可能？我狂晕，我想起去年的一天，她正在看一部电视剧的大结局，那剧里的女主角第二天又出演了另一部电视剧，妈妈看得很认真，还说："啊，昨天不是大结局了吗？"我说妈妈呀，那是另一部电视剧啦，不是你昨天看的。她跟我争得脸红脖子粗的，说怎么可能？我说频道都不一样了，名字也不一样了，故事情节也不一样了，只是人还是这个人，你怎么就会认为还是昨天的续集呢？

家里的各大小活宝，呵呵，很快乐。

两个小怪物

哈哈，终于嘀嗒、嘀嗒……下雨了。

背景音乐突然停了，原来是没续费，"创作"没灵感啊，呵呵。

因为这种天气的关系，心情很好哦，嘻嘻。

我，这是在干什么呢？

Emma昨天夜里十二点开始大闹天宫啊，她外婆，她爸，最后还是要我亲自出马才得以平复，嘴里一直念着"羊羊"（喜羊羊）"旭旭"（小小智慧树）之类的词，我滴个乖乖，好家伙记着仇呢，因为白天她要的这两样我一直没满足她，临睡了也不放过我啊，算你狠！于是拿了一张让我肠子都悔青了的贴纸喜羊羊给她，今早起来，发现我腿上，她外婆脸上，她自己身上，床单上，全是喜羊羊的脸，我顿时对喜羊羊那个恨哪……

Emma数数。我说一，她说二，我说三，她硬说五，好吧，我说六，她倒跟着说六了，然后我说七，她说八。最后再重复一次，我说一，她说二，我说三，她大叫一声，表情极其夸张地喊道："变！"我丈二和尚摸不着头，这是咋回事？后来才知道这是小小智慧树里一个变魔术的环节。

本来呢，Emma会学各种动物的叫声，以前我问她鸭鸭怎么叫？她知道"嘎嘎"，现在你问她，她只会说"嗯嗯"，原因是家里那鸭鸭是她用来拉大便的。

Grace呢，我真的要用风情万种来形容她，我不明白她为什么会这样，除了刻意放电，她还经常眼神迷离，尤其是躺在床上的时候身体扭来扭去。我偷偷观察她照镜子时候的样子，自恋程度明显超过我，她居然懂得下巴微微抬起，嘴唇微张，侧脸找到最佳角度，然后定格，再细细欣赏自己精致的巴掌脸。

自从教她们做了仰卧起坐，每天晚餐过后她们都能自发地铺好垫子，嘴里念着1、2、3，后来我才明白她们是要开始锻炼的意思。她们还拉着我一起做陪练，我哪里能做一个完整的动作，全被她们搅混了。我做个俯卧撑吧，她们钻到你身下躺着；我做个仰卧起坐吧，她们坐我脚背上，我起来一次她们就要亲我一次，不过，这个可以有，我很喜欢；我做个骑马式吧，她们要坐在我背上。

打骂都不起作用了

小美真的很有意思，说女人在衣服面前就像皇帝，天天都要思索一番该宠幸于谁，还有那些"妃子"，常常穿了一次后就被打入冷宫，呵呵。我也常常站在衣柜门前徘徊，厌烦得只想穿着像丫鬟一样的家居服宅在家里哪也不去。

小区门口一大爷推着载满各种氢气球的自行车，老远就让两个活宝瞄上了，居然一路小跑起来，小手甩啊甩，嘴巴喊着"球球，球球"。我一把抱住她们绕路就跑，边和她们说妈妈没带钱——其实这种办法根本哄不住她们了，就像今天上午在沃尔玛门口看见各种摇摇车、旋转木马一样，她们跟我拼了命一样闹腾，两脚一蹬，还像杂技演员一样下腰，哭声震天。小子哪来的力气，大到我根本抱不住。Emma还反咬我一口，大马路上，真心丢脸啊，真心不敢随便出门了，那些老板还真没道德，看到这种状况还一直吆喝："来啊，来啊，小朋友，这个很好玩的……"

Emma今天又把Grace抓成花猫了，我发现打骂对她都不起作用了，你板着脸她还跟你笑，然后凑过来跟你"嗯嘛"一下，好吧，我动之以理，晓之以情，她貌似点了点头，可你一转身，她又开始侵略葡萄了。

"爱派"里的游戏，Grace基本都会玩，但她斗不过Emma，所以只能在Emma玩不转请教她的时候做一次示范，不过Emma会迅速将"爱派"夺回去，Grace则再次站在一边愣愣地看着她玩。Emma 总是乱点，退出了程序不会弄了，又强迫 Grace 重新启动，这两天 Emma 异常烦躁，所以我让 Grace 让着她点，乖巧的 Grace 真令人心疼啊。

爱恨交织

今天一家人去新祺周的农场了，朋友安排了一个小木屋，可以打麻将，休息。好像都是跟我没什么关系的玩意儿，就带着天使们到果园里去拾板栗了。

宝贝们跟我到哪都跟没去过似的，有那么新鲜好奇吗？唉，真羡慕小孩纯真无邪的世界。

一大早葡萄就让月亮咬了一口，过了一会儿我看牙印消了，可晚上才发现那一小块皮都变黑了。她这一恶行我真的感到很无奈，还好她在外面见到别的小朋友从不这样，不然我都要嫌她，加上葡萄脸上，细数了一下指甲印，一共四处，本来就巴掌大点的地方，多让人生疼啊！月亮这个"恶婆子"到底什么时候能听懂我的话呀！

打归打，可俩人还真不是一般的要好啊。下午快五点了，我怎么叫月亮她都睡得跟头猪似的醒不来，最后我让葡萄去，她一爬上去就嗲声嗲气地叫姐姐，然后她就神奇般地睁大眼睛，最后两人抱在一起狂亲一顿。什么叫一个愿打，一个愿挨，我总算懂了。

两个人还不能分开一分钟了，只要有一方不在身边另一方就立马会反应过来，然后找人。晚上葡萄进房间去了，月亮就在客厅大喊"葡萄，葡萄"。这兔崽子现在越来越不像话了，一急起来就直呼其名的，虽然你才大一分钟，但妈妈终究会让你明白这是另一回事。

搞怪百事

日记越来越凌乱了，常常感觉语无伦次，一段一个小故事，不过都承载着我对天使们满满的爱意。

孩儿她爸出差了，我就把葡萄抱旁边搂来睡，像一团小肉肉，可以完全把她窝在怀里，就想到杰仔那时被姐姐抱着，我对她的各种羡慕嫉妒恨，嘻嘻，我如今也有了。

天还没亮透，我就被会说话的吉米猫猫吵醒了，抬头一看，天哪，葡萄正坐在床头边上玩游戏机。有没有搞错？前天晚上妈说月亮半夜起来闹腾"爱派"，眼睛都睁不开嘴里却喊着"赛车"，然后坐在那玩了一个小时，令人崩溃的举动啊，这些玩意儿我统统没收了，简直无法无天。

起来后葡萄很老实地坐在鸭鸭上尿尿，月亮多坏啊，从后面拉人家抽屉，然后再送进去，把葡萄的小屁屁蹭得生疼。

两个人在两件事上有着共鸣。一是看《小小智慧树》，她俩齐刷刷地冲到沙发上好好坐着，然后常常音乐响起就屁股着不了凳子，证明那屁股是要用来扭的，扭着扭着就扭到电视机前边去了，就差没贴上去，然后我就一下子关掉电视威胁她们回到原位。月亮倒很听话，葡萄却死赖着不走，这种情况我肯定不能再打开电视的，月亮急得从沙发上一跳，冲过去一把抓住葡萄的领子，拎她过去。二是睡觉前发奶瘾的时候，那叫一个壮观啊，妈妈两个手在摇晃奶粉的时候，裤子常常被她们拽下三分之一，这时妈会让她们必须睡上床才能给奶喝，她们便横冲直撞地各就各位，画着"大"字躺好，一副幸福就要来临的样子。

上午两人把扭扭车当碰碰车了，上面有个按钮，一摁会有音乐，月亮总是不愿动手，还拖葡萄来帮她，真是懒得可以啊。葡萄也常常搞鬼的，趁她不注意，往后一退，月亮就直接从车上摔下来，哭完之后对葡萄那个恨啊。

要花招

每天早晨我都被月亮跟鬼子进村似的动静吵醒了，她长高到足以轻松地打开我的房门，然后到我床脚伸进冰凉的小手开始抓我的脚心，大声喊着妈妈，或爸爸，或妹妹，或葡萄。最后我们甜蜜又无奈地爬起来，葡萄心甘情愿地被月亮闹醒，眼睛还未睁开就开始咯咯地笑，她头发长长了，不会再像过去那样竖立起来，而是软软地歇下去然后贴着头皮，仿佛像条小泥鳅般可爱，不过，续发的过程，总是丑了那么一点点。

不管起来早还是晚，我都得忙到差不多十点左右。其实我不算磨蹭的人，给她们穿衣洗漱，做早餐然后喂饭，再洗衣晾晒，一遍又一遍整理凌乱不堪的屋子，最后带着她们去买菜。有时候走路就得一路玩耍着过去，跑了这个追那个，她们要逗我的时候，自己仿佛像个滑稽的演员在街上来回追赶，还经常会碰上妈妈也尿急，尿频的，我就彻底被打败了。

月亮最近有句口头禅"嗯鸟吵"（不要吵的意思），总是一副很嫌弃别人的样子，尤其是对葡萄，她认为她正在专注做一件事，不管葡萄有没有打搅到她，她都要自作多情地念叨"妹妹，嗯鸟吵"。呵呵，其实最吵的是你才对啦。

葡萄嘚瑟了

也不抗拒这样让人觉得惬意的天气，以前会在小阳台放一张折叠床，躺在上面晒日光浴。如今没了这份闲暇，加上物品与日俱增地堆积，所以这缕阳光只能羞涩地、零散地透过玻璃窗折射进来。

终于没有办法再将就着让孩子们看重复了一遍又一遍的《小小智慧树》里的内容，于是带她们去了新华书店，买了最新版的，拿回来一播原来内容全改版了，我好像也和孩子一样一头雾水，没被完全拎清又要重新适应了。

昨天月亮又把葡萄的小脸揪成一撮，这次葡萄反抗了。她不甘示弱地抓住月亮的衣领，于是月亮又用脚开始踢葡萄的肚子，葡萄用另一只手勾住月亮踹她的脚，就这样把她放倒了。好家伙，月亮大喊："葡萄，葡萄！"大概想表达"反了天了！还敢跟我对打？"的意思。葡萄现在发现这种反击要比站在原地哭鼻子要带劲得多，于是，嘚瑟地笑了。

上午带她们去买冬天穿的棉鞋，一个个很乖地坐在矮凳上试穿，深受我臭美的影响，一穿上就不肯再脱去，自己还会自我欣赏地抬起小脚说："漂亮。"强行给她们换个款式换个尺码，就大哭大闹跟我杠上了，怎么哄都不行，弄得人家店里一片狼藉，每当这时我就必须要主动帮老板收拾烂摊，不好意思，实在是不好意思！

回来时月亮在妈妈背上先睡着了，到家就直接放床上了，所以剩下葡萄还在自由活动。做饭时没听见动静，一般这时我都要尽快找到她们，以免闯祸。发现月亮的房间门被打开了，我轻轻地走进去看见葡萄正趴在床前静静地看着熟睡的月亮，这是什么意思呢？总之，很温馨的画面。

母爱泛滥

　　月亮因为调皮又不小心被绊倒了,嘟起小嘴要我抱抱,我趁机教她撒娇,她果然很安静地蜷缩在我怀里,我让她摇晃脑袋然后嗲声嗲气地说嗯妈妈或嗯爸爸(第三声),谁知道她突然挣脱,两手一挥,说道:"no no no!"其实是她在学那会说话的吉米猫,但此时此刻,我完全可以大跌眼镜地认为她是在抗拒,抗拒这种做作的行为,俨然告诉我这不是她的菜,不是么?她的可爱更是激发了我要强行拥她入怀的冲动,与其说教她撒娇,不如说是想成全自己的占有欲!

　　葡萄见状,多情地扑到我身上,她故意仰起头要我亲吻她的脖子,然后发出一连串银铃般的笑声,看来她非常享受我温柔的香吻及拥抱,肆意地在我怀里撒娇,而我,终于得逞了。每当这样抚摸着她们的时候,我就会觉得自己的母爱特别泛滥……

　　上午又带她们去玩沙子了,趁她们在目前只专注于玩沙子和《智慧树》的空当里,我能借此机会干很多事情,比如美甲。那个当口儿只有一个女孩子做事,话特别多,一直跟我聊些有的没的,什么店里的盈亏、这行业的无奈等,她看我实在不搭腔就一个人边给我做着护理一边哼着自创的小调。

　　一到家葡萄就急切地去拿拉扊扊的鸭鸭,可是抽屉被分离开来了,她一直在试图把它合上,好不容易坐上去了,发现屁股上还兜着纸尿裤，于是有些不知所措，屎尼尼已经把她的脸涨得通红，错乱的她开始发躁了，我赶紧帮她处理，于是她一声响屁冲带出一条硕大的金黄色的大便，然后长长地舒了一口气。这时月亮也开始了，只见她嘴角上扬，小脸鼓起，面部狰狞，两眼放光，嗯，也出来一条了，没有一点矜持。优雅尽失的两位天使分明在告诉我："人生的一大爽事，就是拉屎了。"月亮在种了几平方的西瓜后我问她："拉完了吗？"她说："没有，嗯鸟吵。"

撒娇的妈妈

　　碰上下雨天，六点不到，天就黑了。于是觉得夜特别漫长，陪孩子们玩了 N 久都还不到她们睡觉的点，让我有些郁闷。日志一般分为两个部分，除了她们，就是我了，所以一天当中，仅有的一点私人空间，变得弥足珍贵。

　　宝贝们也开始了我们小时候玩的"煮哦漫子"的游戏，一个小碗一把汤匙，就能假装在那儿炒菜，然后无实物表演吃得津津有味，可以专注很久哦，然后还舀一勺过来给我尝尝，我做出非常美味夸张的样子，她们就更带劲了。再大些我就给她们做把杆秤什么的，呵呵，一下就回到小时候的记忆，其实，还是挺美好的。

　　葡萄现在对月亮是绝地反击了，一改过去乖乖女的形象，只要月亮跟她抢，她一定死扛到底，最后以胜利收场，兔子急了，终于咬人了，哈哈。也罢，是该灭灭月亮恶霸地主的作风。

　　晚上发现在孩子们面前撒娇是件无比快乐又幸福的事，月亮不小心碰到我的头了，我假装哭起来，她就很温柔地抱住我，然后还用小手拍拍我的背，说道："妈妈不哭。"葡萄见状也凑过来，非要一起抱着我，她没搞清状况，以为自己就要失宠了，然后月亮一把将她推开，又说道："嗯鸟吵。"

画爸爸

　　立冬过去很久了，但因为天气的关系，至今都还没去续香肠，这个月就该准备了吧？去年把月亮用背带抱在胸前，一手提了几十斤做腊味的猪肉，还有做泡菜酸菜的萝卜白菜，完了还因刀功太差让自己受伤的疤痕至今清晰可见……呵呵，仿佛就在昨天，却真实地过去一整年光阴了。

　　久违的阳光一旦折射到屋里来，就把在阴天里"怄"了很长时间的身心一下变得温暖起来。所以说，一直只保持一种状态并不是那么美好的。

　　喉咙干涩了两天后开始鼻塞流涕，今天起伴随着一点头疼，感冒总是要经历这个完整的过程，即便你很用心呵护，努力预防，就像爱情一样。

　　终于也有葡萄去吵醒月亮的时候，但是不管她们互相怎么折腾，彼此都还乐呵呵的，大人们要是这样就不干了，会非常生气地大哭大闹。

　　由于下雨，只能把她们关在家好几日，月亮早就憋坏了，无时无刻不闹腾着要下楼，没办法只能召集邻居们来做客，看吧，更像幼儿园了。此时便能观察出男孩和女孩的区别，再怎样月亮和葡萄都好像要斯文些哦，没有争抢，好管得多了。妈妈不辞辛苦地把瓜子肉一颗一颗从瓜子壳里剥出来，我问她为啥要这样摆放呢？她说孩子会一把抓啊，这样就会一颗一颗地拿啊。呵呵，果真是这样吗？下有对策上才会有政策的。

楼下有人养了条大狗，月亮惧怕地躲在后头，葡萄则扎起马步装腔作势地要跟狗狗对立，好一副妹妹保护姐姐的景象啊。在我们毫无准备的情况下那狗居然挣脱了绳索，把我吓得半死，还好孩子她爸及时赶到让我们镇静地站在原地不动，才避免了可能性事件。看到月亮坐在那小板凳上的照片，就想到仔仔坐在那儿仿佛也是在昨天，因为想他还梦见他上达人秀了，宝贝，你好吗？

家里有个小画板，月亮总是拿着要我画她爸爸，绘画这玩意儿对我来说实在太欠缺了，于是推脱给妈妈了，没想到妈妈的画技比我还差，看看画的这都是啥啊，我问月亮这是谁，她果然死都不说这是爸爸。我还偶然发现姐妹俩总是很做作地双腿交叉站立，好像多矜持优雅的样子，真是不争气，看我要拍摄了，就马上变成孙悟空了，看吧，你就不是走这路线的嘛。

月亮又现我小时候的原形了，一听到妈妈在厨房喊吃饭啦，她就马上爬上凳子趴在桌子上欲用手抓菜吃。我想她现在是不懂荤素之分，不然像她这个肉食动物再大些看到这样的清汤寡面时一定不干了。

为了训练她们的跑跳能力，我特意先跑在离她们大概三十米远的前面，然后蹲下来拍手吸引她们过来，再展开怀抱迎接她们，她们争先恐后一路小跑，果然达到了我预期的效果，最关键的是，还满足了我拥她们入怀的那种幸福，无与伦比。

问题总是层出不穷

奶粉店的老板人很好，每次去都会送我一些奶嘴、湿巾什么的，今天又多送了我辆"和谐号"的玩具动车。月亮自以为是地认定这是她的私有财产，一直就没让葡萄碰过，葡萄只能远远地看着她玩，或者跟随车的音乐跳舞，或者稍微靠近一些，不过月亮总是用屁股对着葡萄，试图挡住她，葡萄羡慕又渴望地一会儿望着月亮，一会儿盯着动车，然后再若无其事地扭动一下身体。我说不出的心疼，好说歹说月亮都不愿意跟葡萄分享哪怕一次，我只能找来别的玩具给葡萄，却没想到月亮如此霸道，连那也要抢夺过去，这是她一向的风格，但我真的不知道自己什么时候让她成了这个样子，因为我并没有很惯她。

葡萄被月亮的无赖折磨得有些错乱，开始气急败坏，只要看见月亮一上前她立马就把手上的东西重重地摔在地上，表情是那种冷漠的、痞气的……于是我又多了一件迫切地要扭转的事情。总之，问题总是层出不穷，考验着我，挑战着我这个初为人母的女人。

当然，月亮也有被葡萄的气势打压的时候，比如跳舞。其实最初月亮更具有音乐天赋，葡萄是后来在我的引导下加上她凡事都努力认真地学习，得到了飞跃性的发展。现在，葡萄能跳完整的四个八拍的舞蹈组合，而站在一旁的月亮显得很羞涩，甚至对起码的律动都渐渐变得木讷了，就好像大人一直问她谁谁谁姓什么，她都能答，到最后却怎么也想不起来自己姓什么……

两位天使各有所长，我希望能从小培养出她们优雅、大气的性格。有时候真的很感激，能因此看到自身的缺陷，从而更加以身作则以便言传身教，这就是我一直以来说的能共同成长的乐趣，而那，并不容易。

这么小的葡萄就知道这种天气躲在被窝里赖床是件多么舒服的事情，所以趁她下午能睡足四个小时的空当，偷偷到中影去看了《泰囧》。这是本人生平第六次进影院，第一次独自一人，还在那儿因为剧情而捧腹大笑，原来那种感觉真的和家庭影院不一样，忽然有些嘲讽自己的小家子气，以后，要多来。

反正都只剩下幸福了

月亮半夜要尿尿，妈说冷，让她就尿在纸尿裤上，她不肯非要起来，尿完后赶紧钻进被窝说："婆婆快点，冻死银了。"

月亮要求妈妈抱她，妈问："好端端为什么要抱啊？"她说："我好累。"

早上月亮拿口哨给葡萄，但葡萄不领情，随手一扔，月亮淡漠地说了句："妹妹想挨打。"接着便一巴掌盖到葡萄头上。

月亮装模作样地捧着书本，大声朗读："下下屁币播。"永远都是这一句，听久了觉得也挺押韵的。

月亮也能看懂动画片的剧情了，遇到好笑的会说："笑死银了。"我才知道正宗的"笑死银"真的存在，而且是起源于孩子。

葡萄受月亮的语言影响，耳濡目染，也有了很大进步，虽然发音依然不准，但看得出她很努力想说好的样子，吃力地吐字让我好生心疼，但我会很有耐心，然后鼓励她说完，并且真诚地夸奖她。

孩儿爸由于工作太忙，虽然住在一起，但通常都是几天都打不了一个照面，早上他走的时候天使们还未醒，晚上回来她们又已熟睡，加上出差什么的，就更是十天半个月也陪不了她们一会儿，以至于今晚葡萄再见到他时显得分外陌生，开始不张口叫他，也不敢亲近他。但月亮却表现得非常活跃，很讨好地跟他发嗲，葡萄在渴望又警惕的情况下，方才半推半就，别别扭扭向他靠近……

今天，妈给她们买好了过年的新衣服，这好像成了我家的习俗。记得从小妈妈就会为我和姐姐早早准备新衣，然后我和姐姐一天天期待着新年的到来，最大的乐趣就是每天放学后打开衣柜，然后瞄上一眼都觉得特别满足。衣服的颜色不是大红就是粉红，延续到我女儿，都三十年了，我妈妈依然乐此不彼地保持这种审美，哈哈，反正都只剩下幸福了。

月亮的幸福说

月亮和葡萄大概已经懂得了什么是幸福，我想，而且月亮还知道了如何去表达。昨晚我问月亮："想和妈妈睡吗？"她答："想和妈妈睡。"我说："等月底吧，奶奶来了就让妹妹和奶奶睡，然后你和妈妈睡。"她说："不要和奶奶睡。"我以为她听错我的意思就想确认一遍："谁不要和奶奶睡？"她肯定地回答："妹妹不要和奶奶睡，我们一起和妈妈睡。"

月亮表达她很幸福的时候还表现在：她爸爸在家的时候，我们一起在床上或客厅陪她们玩耍，她们会异常兴奋。一天，月亮来回说着："好玩，好玩，我好高兴。"时而还会说上："和爸爸妈妈在一起。"

所以，作为父母，怎么忍心伤害这样天真可爱的孩子？我一直说，那些令我煎熬的人或事都是来度我修行的，脾气拿出来是本能，压下去就是本事了。我天天都需要修炼，最近真的有很好地控制自己的情绪，深吸一口气，闭上眼睛的那一刻也常常有要完全释放的冲动，以前不懂转移注意力，所以内心积郁太久就会把事情越弄越糟……现在的我，已经知道该如何爱护自己才能更胜一筹地去呵护家人。

生病的葡萄过了把老大的瘾

葡萄昨天下午突然一个人坐在沙发的一角，脸涨得通红。细心加经验告诉我她头疼了，她软绵绵地躺在我怀里，不停地流着眼泪，眼睛微闭着几乎就要睡着了。不管是大人还是孩子，脆弱的时候总是能让人心生无比的怜悯，每当这时，我都母爱泛滥。果断地抱她到诊所，测试体温发烧到38.4度，在她屁股上扎了一针中成药，还准备了些夜里退烧的冰贴……

月亮到关键时刻还是很懂事的，今天看出来了。我一直告诉她妹妹生病了，要让着妹妹。她就真的照做了，有时也忘记会暴露抢夺的本性，但我一提醒她就能马上停止。葡萄也看出来了，有点蹬鼻子上脸，好好地趁身体抱恙才能过把老大的瘾，想玩"爱派"就玩，完了一脚踹那桶子里的积木，积木散落一地，月亮愣了一下没多言什么就蹲下去捡了……

今天，你们又长大了，即使一刻也没分开过，但我依然能感受到你们每天的变化。虽然你们常常很调皮，弄得我手足无措，但还是要感谢你们，谢谢宝贝们给了妈妈那么强的幸福感，妈妈因为有你们，一天比一天更快乐。

爸爸和阿姨

今天又是个特别的日子吗？那种一生一世的句子就像今天的雪花一样，铺天盖地，非常应景。这场雪下得真殷实啊，从昨晚到现在，还在漫天纷飞，俯瞰街道上的车辆，再也没有办法呼啸而过了吧，全都像蚂蚁一样缓缓行驶，行人步履维艰……

我先后把葡萄和月亮叫起来，这种天气通常要在九点半才能把早餐解决好。如今她们在我的教育下变得有秩序、有规律起来。凡事我都跟她们说好要排队，然后我大张旗鼓地喊道："下一个。"以至于她们都非常自觉地站在一边守候着，然后露出渴望又略带焦急的神情。

早上月亮跟她外婆说："爸爸上班了，妈妈吃饱了。"呵呵，不知道她哪里冒出来的这个概念。后来又看到我和她爸恋爱时的一张合照，我问她是谁，她竟然说："爸爸和阿姨。"我是有多大变化，还是变得有多老？

月亮还是一如既往地欺负葡萄，但不是以前的那种流氓地痞方式，因为她也懂得要顾及我们的感受，还有对葡萄下手的轻重把握。我每次让她道歉，她倒都是痛快承认，不过屡教不改。最近葡萄学会自己要求她说"对不起"了，边哭边喊着"不起，不起"，一定要等到月亮说了"对不起"她才停止，看来自尊心很强。

跟妈妈一样漂亮

我观察了很久，发现宝贝们的平衡感很好，她们常常像小龙女一样，坐在沙发靠背的一角，单手扶着，做出双脚悬空的惊险动作，但每次只保持到我准备好要拍摄就不干了，然后阴阴地笑。

终于又可以给她们的头上绑角了，比起更小的时候，现在真的区别很大，因为天生爱美的原因，她们不但不拒绝我给她们梳理，反而还每天要求我："妈妈，要好漂亮。"这是她们表达要梳头的意思，然后安静地等我折腾，最后再送我一句："跟妈妈一样漂亮。"呵呵，原来生女儿是可以大大满足虚荣心的。

月亮的语言一天天多起来，葡萄闹的时候，她会说："不要吵我"或者"妹妹，不要哭"。最近姐姐的风范也显现出来，葡萄打她，她居然懂得忍让，然后说："不要踢我。"或者说"不要打架，要保护"，最后说"好朋友，握握手"，两人就抱在一起了。她还知道安慰葡萄，比如，为了防止她们争抢着看自己喜欢的碟片或听自己喜欢的歌曲，我便一会儿播《巧虎》，一会儿放《天线宝宝》，当播到《巧虎》时，月亮就会跟葡萄说："天线宝宝睡觉了"或者"天线宝宝吃饭去了，吃完饭就会来哇"。当她们玩得很欢的时候，月亮总会很大方地表达自己的感受，说出"我很高兴"或者"我很开心"之类的话。

宝贝们特别爱读书的习惯有时让我很头疼啊，但我却不能抑制，对吧？她们不再像过去那样撕扯书皮，或者三心二意，而是真的很认真地边听边学古人摇头晃脑，我以为她们是玩心起来了，就停下来，可她们却不同意，原来是在找押韵……

昨晚月亮突然双手前后甩，全身都扭动起来，样子非常滑稽，我问她："月亮，你干吗呢？"她表情狰狞地说："好痒，背背好痒。"差点把我笑死了，因为她扭动幅度大到真的好像能把身上的跳蚤抖掉似的，还有，不明白她怎么会想到这个办法的，哈哈。

葡萄终于突破了坐滑梯的恐惧，在我一次次的鼓励下，尝到了甜头的她便一发不可收拾了。

妈妈身上掉下两块肉

爸爸一年最多来我这两次。姐姐心里不平衡，说爸爸凭什么叫她千金，却叫我万金，爸爸说才没有轻重之分呢，我们都笑了。我和姐姐越长越大，爸爸倒是越发宝贝我们，用朋友的话概括，我被宠出公主病了。爸爸身上没有一点农村气息，是个很讲究的人。他去越南打过仗，一路走来，吃了很多苦。为了供养我们，更是把身体累坏了，现在，终于开始享受天伦，所以，我要好好爱他，给他买喜欢的衣服，带他吃好吃的东西，还要陪他去看他钟爱的电影……

月亮对再见到她外公那种惊喜的程度超出了我的预想，爸爸一进门，月亮迟疑了三秒钟，就叫出了"公公"，她还记得。然后钻到爸爸的怀里，就再也不肯落地，之后几天都不要我和她外婆了，到底是多亲呢？葡萄站在一旁打量着，始终不敢靠近，后来还躲在一个角落看着爸爸和月亮互动，渴望却不可及的样子，到了第二天她才战战兢兢贴地到爸爸身边，爸爸揽她入怀，她害羞着，半推半就地接受了。

她们一直拖着爸爸讲故事，爸爸念道："小猪照镜子。"葡萄先跟："小猪照句。"月亮马上更正："是小猪照镜子。"然后，一直拍葡萄的肚子，说道："傻瓜，傻瓜。"爸爸觉得葡萄很冤就抱起她，月亮不干了，扯着葡萄说："下来，公公抱姐姐。"

爸爸上厕所，葡萄想跟去，月亮拉着她："公公拉屎，不要去，出去玩。"我让她背首诗给她外公听，现在只需要说背首诗，不需要像过去那样说首句提示，她就能很完整顺畅地念出来，尤其是"排排坐"那首童谣。有意思的是，她怎么都不会说"红掌拨清波"，而是念"红掌清拨清"，纠正了好久，还是不行。

妈妈，去看看妹妹肿么了

月亮把这网络语言说得惟妙惟肖。

妈妈已经回去三天了，月亮渐渐适应了外婆暂时不在她身边的日子，我没再善意地欺骗她，而是跟她说外婆回赣州，等过了年就回去找她。月亮很懂事地说好，不过时不时甚至半夜念叨："婆婆呢？"

月亮和葡萄在妈妈不在家的这几天，表现得特别乖，没有打架，没有任性，没有依赖，也有好好吃饭，尤其是月亮，每天晚上都是自己独立睡觉，不用我陪，也不用我哄。看她这样乖，我心又生疼，想跟她讲上两个故事，陪伴一会儿她，她却总说："妈妈，去看看妹妹肿么了。"好像告诉我放心，她会好好的，交代我先去照顾妹妹似的。今晚我硬是想在她身边多陪一会儿，她居然说："妈妈，盖好被被来，手手拿进来。"聊天的过程她摸着我的脸说："你是婆婆的。"我说："嗯，月亮也是妈妈的。"但她依然不忘催了我两次："妈妈，去看看妹妹肿么了。"其实，她妹妹早就睡着了……

妈妈，去看姐姐肿么了

这些天，葡萄总是在半夜起来要求到我床上睡，给她奶的诱惑都不行，然后把她放在中间，她却总要闹腾半个来小时才肯再次入眠。一向在睡觉这件事上都特别乖巧的她，不知哪根神经搭错了。终于有一个晚上她用脚踢火了她爸，招来的训斥让她一下安静起来，隔了一会儿很识趣地跟我说："妈妈，去小床睡。"

月亮应该并不认识字，而是对我天天给她念的儿歌唐诗滚瓜烂熟了吧，这种积极学习的态度让我重复了一次又一次的朗诵一点都不觉得枯燥无味。何况月亮都会讲故事给我听了。中午，她和葡萄坐在茶几上，月亮说："我读风娃娃给你听吧？"葡萄说："好。"然后月亮念道："下下屁屁波。"然后又问，"我读狐狸猴仙后给你听吧？（狐狸和仙鹤）"葡萄说："好。"月亮读道："有一天，下下屁屁波。"

终于到了十万个为什么的阶段了，什么都拿来问我："这是什么呀？"葡萄这次步伐跟得挺快，马上就模仿起月亮来，送她去睡时也说："去看看姐姐肿么了。"然后一个人一直自言自语："白又白，竖起来。"

从模样到语言，都有初见她们长成小姑娘的惊喜，这是作为妈妈多么幸福的事，那样一把屎一把尿一把泪拉扯大的孩子。

比起过去，我更容易消化和释然某些画面带给我的不快，尽管它们又成了我内心不可触碰的伤疤，只要一想，就会揪疼。所以我终于能理解，孩子给你带来的是怎样的一种安慰。

　　不知道是天气影响了心情，还是心情应了天气的景，风呼啸而过，雨拍着窗，大得都能渗进屋子，却并不湿冷。

风爷爷你不要来，我很乖的

每当她们跟我作怪的时候，我都要对她们肉嘟嘟的脸蛋起歹心，一天下来，不知道多少次。我捧着她们的脑袋先嗅上一圈，然后再在脸上用力啃上几口，最后依靠自控力再在耳垂上轻咬一下，一双贼手在她们的屁股上来回揉搓，最后用力捏上一把再咬牙切齿地说："你走吧。"

还有，什么叫眼泪是往下流的，为人父母总算知道了。以前我不能喝别人喝过的杯子，也不能跟爱人共吃一个苹果。现在好了，女儿吃剩下的，我吃，甚至吃流质的食物，和着哈喇子口水，我也会以一条直线的速度冲过去"嘬"的一声囊入口中，就为了能名正言顺地舔下她们的小嘴（因为她们已经不太主动给我亲亲了）。

月亮最近的语言：她喜欢称呼自己为"亮亮"或"仔仔"。她总说："这是仔仔的，这是葡萄的。"好像有点自认为更受宠的意思及自信。她起床后坐在鸭鸭上尿尿，说道："我拉尿尿了，嘀嘀嗒嗒响呢。"然后每次一看我换衣服或梳头了就非常兴奋，说道："下楼喽，下楼去玩儿呢。"嘿嘿，妈妈并没有说要带你去呢，别嘚瑟。待我回来时，也总是她抢先为我开门，然后说："我阿妈回来了，好开心。"

月亮现在好像真怕葡萄了，看到葡萄靠近她，她就做起哭状，说："妹妹不要过来，妹妹不要过来。"然后葡萄放过她，走了。月亮就跟我说："妹妹走了，不怕，不怕。"隔了一会儿又自言自语："妹妹，你不要打姐姐，姐姐会哭哦。"这场景怎么那么熟悉呢？哈哈，真是轮回啊。遇弱则弱，瞬间，月亮好像什么都抢不过葡萄了，只剩下哭的份儿。

我常常在家练瑜伽，体式没修成，却做起牛马来了，一个骑在背上，一个还跟在后头快马加鞭，我这是在干嘛啊。用各种办法转移注意力也得伺候一人两个来回才肯放过我。

上午带她们从超市回来，我开始胃疼，没精神搭理她们。听到葡萄先跟月亮说："我给你读书吧。"月亮说："好"。然后葡萄就跟念咒语似地咿咿呀呀起来。月亮听了一会儿发现听不懂，就带领着葡萄干起坏事来，我平复了一些走进房间一看，她们正在妈妈床上开茶话会。我罚她们面壁思过，风呼呼地响，月亮说："风爷爷你不要来，我很乖的。"

掐架

昨天去智慧家了，我被那只八哥迷得完全忘了本是去看她和她小公主的那茬子事，呵呵，太逗了。那只鸟会说"你好"就罢了，居然还会讲"小姐，你真漂亮"。完了还念"酒肉穿肠过，佛祖心中留，阿弥陀佛"。我滴个妈呀！

那只绿色的叫"秀眼"，是智慧养的第四只，她说："第一只放车里头热死了，第二只飞走了，第三只冷死了。"什么宿命啊，八哥来之前，我们也很宠爱它的，这次也几乎忘了它的存在。我拍了一些照片和影像，回来放给天使们看，她们喜欢得恨不得咱家也整两只，宝贝，妈妈养你们都够呛了。

我每天都尽量拍下她们最生动的画面，然后合成，再一张一张上传，最后组成文字。这个过程烦琐还很花时间及精力，却成了我生活中不可或缺的一部分，作为一个母亲的角色，我想尽量为她们做得更充分一些。

常常也觉得累，背连着心地疼，想空一晚不习瑜伽、不写作，躺在床上却发现无法踏实入睡，对自己的苛求比起以前愈加严格，我知道这样不好的，得学会安然，还在悟的路上。

月亮和葡萄一看我要出门都知道帮我提鞋子了，还知道我要穿哪双，到家时再弓着腰替我放回鞋柜，这些举动虽然毛糙却是那么贴心。月亮对于帮助她的人还特别礼貌，不用提醒就能痛快说出"谢谢"及"不用谢"。她有请求的时候尾字一定带上"嘛"，即便她说得最多的那句"你不要讲话了嘛"也让人无法不柔软，无法抗拒……

早上妈教会月亮一首诗，念给我听的时候却跟我开起了玩笑。我说"离离"，她说"原上草"，我说"一岁"她说"地上霜"，然后我就被她带沟里去了，居然也跟着念"举头"，后发现不对劲，就马上尴尬地说：哦不是，是"野火"，接着她正经答道"烧不尽"，最后我说"春风"她满脸坏笑地调侃我道："喂羊羔"……晕了。

前两天葡萄又站着尿尿，我假装厉声指责，问她以后上幼儿园了要怎么办？她好像知道事情的严重性，不再像过去那样哭赖，而是害羞地、知错地猫着身子低下头任我教训，完了我让她面壁思过，她也老实地站在那儿一动不敢动。再接下来的几天，她一有三急就马上冲到鸭鸭边上，我在的情况下还会故意告诉我，说她要尿尿。

我昨天又让她们自己吃饭了，所以月亮现在讲得最多的话就是："我学会自己吃饭了，我学会自己穿衣服了，我学会自己洗澡了，等等。"但其实，她啥也没学会，还尽添乱。

一对小冤家

现在她们说得最多的就是，"我学会了自己穿衣服，自己吃饭，自己洗澡，自己读书，自己拉屎……"没错，是自己在越帮越忙之后我不停地给她们擦屁股。

看看那裤子被月亮整的，开始我以为和小沈阳一样，跑偏了。没想到后果更严重，根本就没在调上。她在床上走来走去，猫着步子，跟奔跑在时尚最前沿的超模一样。

葡萄下手真够狠，从房间拽着月亮的头发，提袋似的把她一路拎到客厅。情节比较严重，所以没有办法这种时候还来拍照留念。月亮边哭边紧紧跟随她的步伐出来，我告诉她做得对，因为这是冷静的做法，这种时候不能硬来，不然反抗容易受伤，她表示听懂了。

尽管这样，月亮心里、眼里还是不能没有妹妹，一会儿都不行。有一天晚上，出差的孩子她爸在电话里听到月亮嗲声嗲气地喊爸爸，他就不能自控，说："哎呀，爸爸的命命仔，爸爸就是喜欢月亮。"我抖了一地的鸡皮疙瘩，月亮回话："还要喜欢葡萄。"她爸在那头一愣一愣的，有种自作多情，不知趣，被噎住的各种尴尬。

我总是在关键时刻拎她爸出来做一回恶人，随便咆哮一声，都能起到立竿见影的效果。平常我露个手臂，她们都要羞我，好像她们有多保守似的，自己却不要脸似的总把开裆裤提起来，这下她爸火了，一本书扔到她们旁边，厉声说道："看着我的眼睛。"两个人低着头斜着半边脸，双腿夹得紧紧的，随着那声响雷颤抖了一下身子。空气在那里凝固了一小会儿，月亮说了句："吓死我了。"打破了宁静，她爸捉古认真扳起的脸瞬间崩溃，一把搂过她在怀里揉了又揉,咬了又咬。月亮突然学起他几分钟前的表情，说道："看着我的——眼——睛。"拖字，加重音。好吧，一切前功尽弃。

为了练习反应能力，我努力让自己学习玩些游戏，比如"魔法仙踪"。可没有一次超过十个回合，我就要放弃，实在没劲，没耐心，没兴趣……各种没。还有动画片，少儿也好，成人也罢，不知道为什么从小到现在，我都没办法通上电，而如今，我娘都能和孩子们坐在电视机前随着一些幼稚得不能再幼稚的情节哈哈大笑，可我连好奇心都没有。

鬼精月亮

温度下降，狂风骤雨，一夜之间又找不到春的气息了。

厚厚的被子还没因为季节的变化而更换，这样的天刚好，窝在里面暖暖的，被床头的手机铃声吵醒，惬意悠悠地伸了个懒腰，才伸手去拿。一条短信内容映入眼帘：亲爱的黄雨轩女士，今早雅安发生 7 级地震，如果您现在暂时无法联系到您的亲人和朋友，可以通过短信微信方式联系!

一串官方的号码，署名香阁儿发来的。我不知道说什么，也没想什么，更不知道这手机号码的隐私是怎么被泄露的。各种灾难的频率早已让人麻木，我只能说，活着的一天，好好爱自己吧。

比如最近，不想看书就不看了，不想练瑜伽就不练了，不想坚持的东西就先放一放，其实，谁都强求不了谁，能跟自己过不去的，只有自己。

月亮和葡萄也难得地友好一次，亲到能互相舔脚趾头的地步。只有一个的玩具也会让着对方，一方哭的时候还会上前哄着开心。月亮跟葡萄说：“妹妹你不要哭，妈妈会生气耶。”葡萄跟月亮说：“姐姐，你不要哭，妈妈会打你耶。”

现在她们都基本不再尿湿裤子了，所以能穿些漂亮的打底裤，比起之前好打扮多了。每天早上月亮都会跑到我床前告诉她爸：“爸爸，你看我穿得好漂亮耶。”然后叫，“妹妹，起床老。"妹妹应："哦。"月亮说："你叫姐姐哇。"葡萄答："姐姐。"月亮很满意妹妹听她的指挥，不过并没应她，这时葡萄就发话了："你也讲哇。"唉，跟着我，一口的赣普话。

比较起来，月亮的语言在她同龄的小朋友里算说得比较早、比较棒的。如今还能运用起昨天、今天、明天之类的词语来，段落分明地表达她的意思，我常常故意让她在我和妈妈之间传话，以此来锻炼她的记忆和叙述能力，她基本能原话转达，不偏离跑题。（如她找来一个计算器，妈妈在客厅问她在哪找来的，要她来问我有没有用的，然后她就来问我这个有没有用，我让她告诉外婆，这个没有用，月亮可以玩，接着她就去告诉外婆："妈妈说没有用的，仔仔可以玩。"）

葡萄在月亮的影响下，语言也大有进步，会主动开口说比较长的一串话，不清晰，但她特别有耐心，如果大人没听懂，她会一直像唐僧一样不停重复，直到你领会了她的意思她才停止。

月亮举一反三的能力也渐渐显现出来，比如她认识桃子的"桃"，但她念第二次的时候她会念道："这是葡萄的'萄'。"慢慢地有了各种想象力，天花板有块墙面破损，她指给我看："妈妈，像青蛙一样。"一会又说，"像蜘蛛一样。"最后她还是知道事情其实到底是怎样的，说道："楼上叔叔快来修好来，我的房子破掉老。"呵呵，鬼精。

昨天跟她们的米米妈妈还有外公视频了，大跳热舞。葡萄有个扭屁股的姿势，真不是盖的。

"霸气" 双娇

我似乎每天都在工作，又每天都在放假。

五一假期最后一天我带着小朋友们去参观了她们人生当中的第二次车展。她们在香车美女的衬托下抢到不少镜头，看着别人有偷拍，有大方请求我希望能给她们拍张合影，我倒显得不好意思了，这不喧宾夺主了吗？呵呵。到今天月亮还会很自豪地说："巧虎抱了我哦。"说明她渐渐有了记忆的能力。

我每天最少会花半日的时间来陪伴孩子们，读故事，做游戏，或者去各种公园，拓展她们的视野。今天还让她们尝了蹦极，在她们一岁零八个月的时候就想跃跃一试，但安全带绑在她们身上起就开始哇哇大哭，只好作罢。这次我让她们先在旁边观察了很久，告诉她们别的小哥哥小姐姐有多勇敢，最后她们信心十足的时候我又吊了一把她们的味口，说得排队才能玩，于是她们很安静，很守秩序地在旁边待着，克制着这颗蠢蠢欲动的心（从而达到养成在公共场合遵守秩序的习惯，练就一颗自控又勇敢的心）。

作为只有两岁零两个月大的小孩来说，这确实需要勇气，她们越弹越高，月亮兴奋地夸起自己来："妈妈，你看仔仔好勇敢。"月亮最好的一点就是玩一样东西绝对不会赖皮，我说到时间了或者妈妈没带钱的理由她总是能很好地配合及理解我，这次她依然比葡萄先下来，不过是她自己跟我说："妈妈，我很累了。"然后她就去催葡萄，"葡萄，你给我下来。"葡萄玩得可欢快了，根本不听她指挥，月亮有些生气，用眼睛横着她，最近她老这样，每当她严肃的时候，像极了孩子爸，霸气十足。

回来我总结时才发现，她们今天把旋转飞机，小火车，小船只都玩遍了。从经济上来说不能太频繁地满足孩子这些要求，所以可以经常带她们到有风景的地方，多观赏多接触大自然的东西。尽量选择步行和小跑，以此来增强她们的运动量。我最近就有天天晚饭后带她们散步，然后跟老太太们跳广场舞。孩子的习惯都是大人养成和以身作则来影响，所以一定要坚持。

最近葡萄又开始令我头疼，攻击性很强，完了还带自虐。她不想你碰的时候，哪怕只是轻轻挨了她一根发丝她就开始抽自己嘴巴，揪自己头发或者捏自己鼻子。实在是愚蠢的行为，我一下手足无措的时候便向她宣战，这下了得，她面目狰狞，咬牙切齿，把我或者妈妈的大拇指跟其他四指分开，恨不得掰成两半儿，不然就用指甲把皮肉掐出血来，哭声震天。跟月亮吵架嘴巴里蹦不出词语就开始胡言乱语、叽叽喳喳，声音的分贝绝对赶上泼妇骂街的水准了。我想她可能是哪里不舒服，肝火太旺？我有些心疼，尽量放下脾气去哄她，寻找原因，但目前为止我仍然一头雾水。月亮明显也有被她烦到忍无可忍，尤其是她攻击她外婆的时候，月亮终于看不下去，冲过去就开始撕打起来，然后边哭边抚摸着她外婆的手，好生心痛，看得出月亮开始知道体贴大人了。

上午发现一个可以锻炼孩子手部力量的小方法。用气球灌好水，绑紧了刚好是她们拳头大小，让她们放在手心挤压，她们对挤压出透明状能清晰看见气球里的水在鼓泡泡充满了好奇而兴奋不已，既找到玩的乐趣，又有益身体。之前的日志还有介绍多让孩子练习吹口哨或者对墙吹纸巾，以此来增强孩子的肺活量。

长进的葡萄

先说点趣事儿。葡萄最近能耐不小，完全退却羞涩内向的性格，首先是不认生了，跟谁或者到哪都能跟人打成一片，很快融入和适应环境。我不强求她叫人，但她也能很快与其互动，与小孩嬉戏打闹，典型的人来疯了，疯过了头连午休都没办法入眠。我下意识想让她收敛些，毕竟是女孩，得矜持，可她居然会跟小朋友干架了。

话说有一天她跟邻居子沁哥哥到小区的幼儿园考察，小手拉着小手去的，虽说她跟她亲姐也拉过手，但这种异性相吸的感觉看着还就是有那么点不一样，咧嘴一笑，就两字：甜蜜。不过，他们为了争个黑板刷，很快翻脸就跟翻书一样，互相揪着对方的衣领，恨得咬牙切齿，大呼大叫。争夺一阵后，子沁果然拿出哥哥的风范，让了这小辣椒，野蛮女友啊，于是我知道，我本来指望入园后让月亮保护她的，现在看来月亮要成被保护的对象了。

葡萄的语言能力更是长进不少。我是这样训练她的：给她读故事书，先让她熟悉故事内容，等她有了记忆后就引导她说下半句，先是两个字，然后逐渐递增，很快她就能基本独立念一个完整的故事（比如我说："胖胖。"她说："当爸爸。"我说："妞妞。"她说："当妈妈。"我说："胖胖的小狗。"她说："当娃娃。"）。所以她现在也有些自发的组织语言和运用词语的能力，比如她问我看见什么没有，我说没有，她就会说："我也没有看见。"

我问她要拉屄屄吗？"她会说："我刚刚拉完了。"

只是，她依然沉浸在独享的幸福中，我问她要姐姐回来吗？她总是斩钉截铁地说不要，我说为什么，这也是姐姐的家啊，她居然说："这是仔仔家。"好吧，今天月亮终于要回来了，看你还嘚瑟不。

其实最近心情有些持续低迷，可能是因为年纪上来了，不会再像过去那样有诸多抱怨，或者说消极地影响到周围的人，相反总是努力以一种乐观向上的态度来影响周围的人。我越来越安于和接受每个年龄阶段该做的事情，可能原来，你假想未来的某个时刻会发生的某件事情，你绝对地认为你一定不能适应，但它就这样如期而至了，你还是淡淡地接纳了它。我希望自己的内心逐渐变得强大，不会因为天气，或者因为一些无关紧要的事情影响到对生活的态度，不需要靠几段苍白无力的文字来励志，不需要天马行空地自我暗示，只要静静地，就那么静静地，让时间淌过……

月亮女神回府了

如果你还没有恋爱，或者激情已退，那就感受一下与孩子分离，然后重逢，那种期待，那种激动，那种母爱的泛滥绝不亚于男女之间的情感。

月亮前天晚上七点才到家，我一直将大门敞开，隔不到一分钟就瞄一眼电梯数字是否从负一层往上升，终于听到轿厢里月亮的声音，我开始夸张地隔空喊她，小心脏怦怦跳个不停，那是一种怎样的思念？

月亮象征性地拥抱了我一下，应付似的叫了叫我，就去找她妹妹，然后冲到客厅摆弄各种玩具，再东瞧瞧西看看，老成的样子像个领导视察工作。我不想吓到她就没有强行亲吻她，待她巡视了一圈后，定在那开口说了第一句话："给我拍个照片来吧。"

葡萄不是一直想独占幸福吗？不是一直说不要月亮回来吗？她却比我想象中更欢迎她姐姐回家，笑得特别开心，还给她大大的、热情的拥抱，把一些新置玩具跟她一起分享……小样儿。不过，两人只好到第二天上午，然后就开打了。

这将近二十天，妈妈把月亮养得更壮了些，哪哪都让我忍不住想下口咬她一下。我想妈妈一定不像我，会给葡萄吃酱油饭，这样一比就觉得愧疚葡萄了，她真的要稍微苗条一些，妈妈责怪我太不像话了，好吧，我错了。

我用想象和文字记录妈妈告诉我的这些日子月亮在老

家以及回来时在火车上的表现。首先语言上又突飞猛进了，会察言观色，听到别人大声说话，她居然嘟囔："给点面子嘛。"在列车厢里，妈妈说她愉悦了整个车厢的人，人们纷纷给她各种水果零食，她先是拒绝，理由有两个："你的水果没有洗。"还有一句是："我没有买单不能吃。"看来她已经能很好地运用我平常教给她的知识，于是我有点骄傲起来。后来妈妈盛情难却，就告诉她可以接过来，并向人道谢。这政策一宽松，不得了，见谁都互动，看见一小姑娘玩"爱派得"，她跑去让人放动画片，后来又有人让她跳舞，她比画了两下说："你没有音乐。"完了又背各种她会的诗词……最逗的是，她会一直念葡萄，然后人家说："小朋友，我这没有葡萄哦，只有香蕉。"她就更正："我有，我有葡萄妹妹。"妈妈一番解释，人们方才理解。

一下火车，人山人海，但是隔了足足有一节车厢的距离，月亮突然挣脱妈妈的手，叫着爸爸往前冲，原来她看到爸爸了。然后孩子她爸把正接着的电话立马挂掉放入口袋，以直线的速度奔向月亮，最后相拥在一起，那画面，那感动，那景象……我又想说，如果女儿是爸爸前世的情人，那孩儿她爸上辈子一定是个风流鬼。所以一回来就跟我嘚瑟了，说她女儿是如何穿越人群飞奔到他怀里的。今天一早，月亮眼睛还没太睁开，她爸就去抱她，然后月亮总是那么懂得配合，说："我是爸爸的 miang miang（命命）仔。"我看他这一整天又该乐呵了。

月亮和她米米妈妈那点事儿。话说我妈放月亮到我姐那带了二天，开始月亮可喜欢了，加上她本身就很黏我姐，可住了一夜发现不对劲，怎么还看不见外婆呢？开始蔫了，开始吵闹，无奈姐姐只能找妈妈来把她带走，这一看到我妈，那瞬间是生龙活虎，只是从此不再与姐姐亲近，十二分的抗拒。这下好了，我想她一定是失去了安全感，尽管她回到家我依然跟以往一样时不时问她要不要打电话给米米妈妈，或者提及她，她都不再作声。目前我还没想到更好的办法解除她内心的阴影。

还好，我毕竟是娘，她很快就黏上我，要跟她妹妹霸占我了，每当这时她外婆的魅力也抵挡不了，嘿嘿。月亮分得很清，她说："亮亮是公公的心肝宝贝，是婆婆的乖乖仔，是爸爸的命命仔，是妈妈的贴心小棉袄。"

葡萄连续三天生物钟被打乱，不肯午休。昨天晚上不到七点开始瞌睡，这种程度是我目前为止首次经历。因为她之前闹觉把头发全哭湿了，我只能给她洗头，放在桶里洗澡，再用吹风机吹干，穿好衣服尿片，这整个过程她完全处在熟睡状态，神奇的九寨啊。

护妹狂魔

5月31日那天晚上，我带她们又去子沁家串门，每次去那葡萄和子沁总是会发生抢夺玩具的一幕，月亮则显得懂事很多。这回，月亮看到葡萄被欺负（在她眼里可能是被欺负了），冲过去就推搡子沁，打他的头，我当时特别惊叹，特别感动。然后接下来几天她都是这样表现的，不过在没外人的情况下，她依然揍葡萄，我知道了，典型的"我的妹妹我打可以，别人不能打"。和小时候我姐对付我一模一样。

然后子沁也会到我们家玩玩，月亮拿出地主的姿态，完全没有了在人家的那种矜持，硬生生地就和子沁打架，抢夺。只可惜葡萄并不像她那样义气，根本不看他俩，自顾自的，我有些替月亮不公。

献殷勤篇。孩她爸大爷似的坐在客厅沙发上，吩咐她们去房间帮他拿手机，当时月亮正哭闹，所以拍马屁这事让葡萄抢了先，于是月亮哭得更厉害，她爸就说："那月亮去帮爸爸拿烟吧。"赖在地上的月亮正准备起身，葡萄耳尖听到了一并把手机和烟拿出来了。这下可不得了了，月亮想"屎"的心都有啊。没办法，她爸又说："那月亮去拿打火机，还有手表吧。"然后我一边拽住葡萄不让她去，月亮方才屁颠屁颠地跑去，还把一双拖鞋也拿来了，一边哭着一边跪在地上，给她爸穿起来，多忠心的丫头呀，做着这些事是觉得有多荣幸啊。这会儿她爸更像个大爷似的，叼着烟，翘着二郎腿，嘴都笑歪了，他一定在想，以后不愁没烟抽没酒喝了。

六一篇。带她们去了仁爱宝宝大赛的发布会，我们一直以为当天可以表演呢，于是在家一直训练来着，她们立场倒很坚定，月亮开始说要表演发神经，天哪，还有表演发神经的，后改为表演瑜伽，葡萄则一直下定决心表演哭，嗯，哭的确是个技术活，从未更改。我心里想着，非得奖不可，因为像这么小的小朋友肯定没有表演瑜伽的，然后表演哭，更是舞台上的一朵奇葩，并且我敢保证肯定没人表演这么有深度的节目。哭戏嘛，很多大人都得滴眼药水的。可惜准备了那么久，原来那天只是发布会，表演时间另行通知，我决定要更加侧重地培养她们。

月亮做梦篇。月亮常常梦呓，今天凌晨四点她突然用脚捶打着床板，哭喊道："打开灯灯来，打开灯灯来，打开电视来，打开电视来，放动画片，放动画片，我自己来关，我自己来关。"不明白为什么孩子说一件事要重复两次？白天我想看看她还记不记得自己说梦话的事，她就笑，笑得还挺腼腆。

勇敢篇。家里飞进来一只蜻蜓，她们开始都很怕，但是又很想靠近，我捉来放自己手上，告诉她们蜻蜓很可爱，也很漂亮。她们觉得可神奇了，都跃跃一试，我先放在她们的膝盖上，然后放到肚子上，再进一步到肩膀上，渐渐地她们就不再恐惧了，还跟我说自己很勇敢。

唱歌篇。我慢慢可以发现她们唱歌是能把握音准的，基本不走调，而且最近学会了很多新歌。还会来个小合唱什么的，唯独那首《两只老虎》没法合拍，问题出在葡萄身上，因为这个有复词的歌，葡萄总是唱单句就过了，所以每当她们合唱有二重唱的时候，月亮就会嫌弃地瞪葡萄一眼，一个箭步过去，又是一出乱打秀。

宝贝要上学了

　　做母亲之前，我从没信心自己能做个好母亲，孩子出生后，从妈妈和姐姐手中接过她们，我永远都是缩着双手，不敢碰，不会喂奶，不会换尿片，不会洗澡……现在她们皮厚了，常气得我下手收拾，也没觉得有多不舍。呵呵，就到了上幼儿园的阶段了，我自己都觉得恍惚，其实每个人只要进入了某个角色，在磨合一段时间后自然就得心应手了。我现在为她们做任何事情都显得那么顺其自然，不用教，不用学，好像就这样会了。

　　上午带她们去体检，抽血的时候，月亮特兴奋，还扭着屁股说好开心呀，我说待会你就知道开不开心了，果不其然。不过两人的表现都比更小的时候要勇敢些了，只是出于矫情，扁嘴哼了几下鼻子。旁边一个家长哄她儿子："宝贝，别怕，不是打针，是抽血。"呵呵，有区别吗？可别忽悠孩子。

　　然后又去拍一寸彩照，去防疫站开接种证明，去复印各种证件，最后再去领结果……原来现在上个幼儿园这般严格。

　　昨天她们趴在地上玩的时候，楼下在放鞭炮，月亮到现在还是会吓得哭起来，然后这事葡萄就记住了，今天终于表现出她第一次保护姐姐的举动。中午听到爆竹声的时候她马上就过去揽住月亮的腰，然后拍拍她的头抱抱她，说："是接新娘子，不怕。"

我现在每天外出回家，总是要这样。我敲门，先由月亮打开，然后放我进去，接着又让我出去，重新叩门，再由葡萄来打开。如果是跟她们一起回家，就要求我先抱一个按响门铃，放一个进去，关起门来，再抱一个按铃，由里面那个来开……其实真的挺累，可这是孩子的乐趣……

　　她们现在会动不动就说要打电话给她爸了，他边忙得要死，还要边听她们唱"小燕子，穿花衣，年年春天来这里……

惊人的默契感应

她们学会很多儿歌了，之前我还说她们的音调蛮准，可近几天严重跑偏，葡萄还深受月亮的祸害，越唱越不在调上，不过能看出来是故意搞怪的嫌疑较多，看在她们懂得取悦我的份儿上，不予以追究。

每天一起床，她们都要高歌一首《我的好爸爸》，配上简易的动作，舞台感很强，不站在茶几上，不手握自制话筒，决不开嗓。有时她们要求我，给她们米米妈妈打电话，千里传音，自然的米米妈妈就多情地配合着哼几句，可人家月亮说了："你不要唱了，我自己来唱。"

自打上次月亮回去老家半个月，又痞气十足，葡萄更是全然忘记反抗这回事，在斗殴这件事上，我被逼得不得不支持她还手。葡萄的手上、肩上，甚至脚踝，都有月亮咬的牙印。我承认，葡萄被打大部分原因是她自己作的，月亮看不惯，还学会了跑到她面前假装举手，实则挠一下自己的头，葡萄就被吓哭了。她一哭，月亮就真下手了，啪，打到她脑袋上，走的时候说一句："我打蚊子。"我真不知她哪学的这些歪门邪道。

后来在外面玩，月亮也渐渐不再是一条虫，会保护好自己，当然，她依然也保护她妹妹。于是，我总结出一条，首先，自己绝不先伤害别人，如果别人并不是故意伤害了自己，那要选择宽容和原谅，如果是故意，那绝不姑息。

打归打，月亮从整体表现来讲，还算是个有素质的孩子，很懂礼貌，会主动跟任何帮助过她的人说"谢谢"，或者"对不起"，"我不是故意的"之类的客套话，看到我们抱着葡萄蹲厕所，她也会搬来凳子请我们坐下。当然，这点葡萄也做得很好。有些东西我让她们要珍惜，月亮还会说："爸爸挣钱好辛苦哦，不要搞坏了。"

有一天，我和孩子她爸发生争执，内容大概是他一些生活起居总是过于依赖我，月亮非常适时宜地说了一句打破僵局的话，她说："自己的事情自己做。"葡萄一听，马上就跟着异口同声："爸爸的事情自己做。"我第一次惊叹双胞胎原来真的有惊人的默契感应，于是扑哧笑出了声，战争也由此而停止，变为笑谈。

月亮和葡萄也会自己找些乐趣，俩人你抱我上床我抱你上床，你牵我或我牵你上卫生间，再或者相互传授些本领，月亮总是说："我来告诉你哇，你学会了不？"

有一天月亮边哭边说话，这样谁能听懂就着哈喇子的口齿，她外婆急得呀，不过最后总算听清一句："婆婆啊，你听不懂我的意思啊，呜呜呜……"

致宝宝班老师的一封信

敬爱的宝宝班的老师们，你们好！首先做一下自我介绍，我是宝宝班新入小学员双胞胎饶卓瑾、饶卓瑜的家长，希望并非常感谢老师们在百忙之中能抽空来阅读我因为孩子而致你们的一封信件。

首先，请允许我给老师做一个简单的关于两个孩子的介绍。老大饶卓瑾，小名月亮，英文名 Emma（艾玛），她今天两岁零三个多月了，是个活泼开朗外向的小女孩，也很懂礼貌，善于表达，语言认知能力比较丰富，是可以用道理沟通的宝宝。她喜欢唱歌跳舞，擅长做一些简单的瑜伽体式，由于我长时间的训练，她腿部力量相对较好。另外，她还有保护她妹妹的意识，特别指出这点是为了预防小伙伴发生争执，她若做出过激行为方便老师及时找到缘由。

妹妹饶卓瑜，小名葡萄，英文名 Grace（格蕾丝），她比月亮仅仅晚出生一分钟哦，性格相对沉稳、内敛一些。她的舞蹈跳得很好，胯部非常灵活，有一定的表现力，但是语言表达方面相对姐姐较弱，不过也基本能做沟通，只是老师们可能要花稍微多一些的耐心和时间。同时，她内心世界有较强的分辨是非的能力。显得棘手的应该是哭闹这件事情，她的指定意识偏强，如果遇到耍赖，可能是因为某件事情没按她的预想进行，然后她又表达不清楚，所以略显着急。

以上是我对她们性格的基本分析，供老师们参考，方便了解，从而对孩子的变化有个及时的应对。同时，我充分信任老师们的专业能力和爱心，并相信孩子的适应能力，我将全力配合，理解及支持老师们的工作，共同培育出对社会有用的人才，而不仅仅站在一位母亲针对个人孩子的角度。

最后，祝老师们工作顺利，事事如意。并非常理解老师们在这种特殊环境，责任双重压力的重负，我代表全体家长跟老师们说一声："您辛苦了。"

家长：黄雨轩敬上

2013 年 7 月 1 日

入园第一天

以送女儿出嫁的心情，终于把她们送进幼儿园了。应该从怀上她们开始算起，历时刚好三年，我总算有种被解脱感，但这并不轻松，半个月以来我日复一日地跟她们重复，提醒她们即将进入幼儿园的各种事项。今早，双双五点半就起来了（葡萄一直有睡懒觉并赖床的习惯，所以这一现象十分难得），我第一时间问了她们："今天我们要去干什么呢？"齐齐清晰有力地说道："今天要去上幼儿园。"我知道，我的观念已经深入浅出，成功地灌输给她们了。

头天晚上我为她们准备好了床上用品、书包，备好牛奶、备用衣服，一枚硬币（我在网上查小孩入学讲究，说这样寓意孩子好好学习天天向上，为他（她）准备充足的钱买学习用品），还有这封深情切意的信。致《宝宝班老师的一封信》是我前天草拟的，微信上一发，立刻引发几位数的留言评论，出乎我意外的影响力。好吧，我确实费了一些脑细胞，尽量简述精准，并通畅表达我想说的。从事了三十余年的妈妈首先予以肯定，她说："站在一个老师的角度，她会感动，会因妈妈的用心而对孩子用心，因为一位自己都不重视孩子的母亲如何指望别人来重视呢？"我想说的是，不是没像我这般做的母亲就不重视了，只是每位妈妈的方式不一。另外我没有刻意为了得到老师的重视而做这件事，而是发自内心出于对孩子的爱，发自内心理解老师带着一帮孩子累得声音嘶哑的劳累与辛苦，我始终都坚信只有双方理解、信任、配合才能把一件事情做到最好。

园里两餐两点，但我还是给她们吃了点面条，我问妈妈："怎么没有鸡蛋呢？"妈说："孩子上学第一天就吃蛋，使不得，使不得。"好吧，我们都是迷信头子。然后打了一个电话给孩子爸："爸爸，我们去读幼儿园了，我们会很乖哦。"做完这些就安心一路欢呼雀跃地走向幼儿园。平常养成的排队讲秩序的习惯，今天终于得以施展拳脚，非常自觉地牵着其他小伙伴们的衣角做进园体检，上厕所等。陪了一会儿，我知道要放手了，便跟她们道再见，月亮爽快地跟我飞吻，葡萄也假惺惺地说："不要，不要嘛。"

中午时分，吴老师打电话来，谈话内容令我意外，让我再次感受园里软件服务的到位，原来她是为了让家长安心，来汇报一下孩子们上午的表现。她说这会儿月亮和葡萄都睡了，入睡时月亮有点哼哼叽叽，葡萄倒是表现很好，放床上就自己安然睡觉（这点在家里葡萄也向来比月亮乖巧），但是整个上午月亮表现为佳，果真爱表现，一直在唱《粉刷匠》。葡萄哭了一小会儿，我问她月亮有去哄她吗？她说没有呢，跟别的小朋友玩去了根本没理她，小家伙关键时刻掉链子啊。老师先问我葡萄是不是性格相对倔一些啊，我再反问她有哄很久吗？她为宽我心又说没有呢，我就知道葡萄一定又在某种程度上为难老师了，呵呵。最后说了下吃饭这件事，称月亮吃得很好，速度也快，但是葡萄要逞强自己吃，不让老师喂（事实证明她果然没吃饱，因为放学后她喝掉两杯豆花，还到箱子里不停地找饼干，而月亮则没有哦）。

挂掉老师的电话，我接着又忐忑地在一瑜伽会所待到四点，然后驱车赶回幼儿园。四点三十分，离下课时间还有十五分钟。我在玻璃窗外就偷瞄一眼的工夫，结果被正在游戏的月亮盯上了，几乎葡萄也同时看到了我，但反应却截然不一。月亮开始发嗲，哭着说："妈妈，妈妈，妈妈来了。"并不停地跟老师示意，我赶紧离开，跑到监控录像处继续观看她们的样子，月亮有点收不住风，大哭起来，老师只好停下游戏把她抱在身上哄着，同时还看到有老生抚摸她的头，大概是帮着老师一起叫她别哭。我突然心生歉意，为避免徒增加老师的负担，想着下次一定改正。葡萄则泰若自如地继续乖乖坐着，并未因我的出现有多大的起伏，只是在刚开始的时候象征性地惊喜了一瞬间。铃响后我走进教室，她们向我奔来，月亮多委屈似的，一屁股霸占了我两只腿，葡萄只有倚在我旁边，说道："哈哈，妈妈来啦。"

　　老师评价整体表现 OK，学习适应能力都挺强。然后愉快地跟老师再见，伴随轻松的心情一路小跑回家。建议新妈妈在孩子入园之前多给他们观看巧虎参观幼儿园的片断。另外到家后我一直不刻意问她们在幼儿园感觉怎么样啊之类的问题，只须引导她们告诉你都发生了哪些快乐有趣的事，转移她们对园里的一些负面的印象（比如有没有别的小朋友欺负你啊，老师好不好啊，有没有想妈妈啊之类的）。更不能以你不听话就送你去幼儿园，或告诉老师的威胁方式吓唬孩子。最后也无须刻意强调明天要不要再去啊，只要自然地第二天照常进行即可。

洗澡的时候，她们争着表现唱了一首《小绵羊》和《春天在哪里》，很完整哦，待我明天跟老师确定一下是否在幼儿园所学就知道是否真的学习、适应能力都很强哦。

入园第二天

约一周以后，我不会每天记录孩子们在幼儿园的表现，除非有特别的趣事或具代表性的事件。我常常也会回头去看以往的记录，发现简直不敢想象照这样下去直到她们出嫁前我是否有勇气出书。

今天照常送她们过去，发现才第二天月亮就有了质的变化，首先她一进门就主动自觉地上前体检过关，完了老师会给她一个绿色的手牌，接着她径直走向她自己的教室，第一个动作是把手放到门边相片处，我原以为她要撕相片下来玩，正准备制止，她说："不是，不是。"才发现相片背后有个小袋子，有其他先来小朋友放好的手牌，原来她是要执行这件事。从体检到找到自己教室到放手牌三件事，我惊叹月亮的记忆和规则态度。陪她们吃完早点我就离开了，她们只要求跟我先后握了握手就跟飞吻拜拜了。

中午依然接到吴老师的电话，她说俩人比较昨天有很大的进步，整个上午都没哭闹，相当配合老师们的游戏互动，午餐月亮还吃了一碗半的饭。只是葡萄开始表现出依赖姐姐的样子，老师说她凡事都要黏着月亮，若要把她们分开她则会以此抗议。而饭，她依旧没有好好吃。

我淡定呆到下课铃响准时出现在她们面前，比起昨天显得平静多了，交换拥抱了一会儿，老师依旧夸她们表现为佳，不过老师说她们并未教过《小绵羊，春天在哪里》的曲子，所以暂时我无法得到答案了。最后跟老师道再见，

112

出了教室经过公共区域葡萄却不肯离园，说在幼儿园好开心，还要玩。

到家后我喂葡萄喝绿豆汤，因为她有点上火，月亮说："妈妈，给我也喝点，我也上火了，很多火。"后来我再问她你认识其他小伙伴了吗？知道叫什么名字吗？她说："有啊，叫月月（悦悦？越越？？）不得而知，明天证实。

接着又教她老师姓什么，她却总嬉皮笑脸跟我唱反调，说："老师姓老师。"据我对她的了解，过两天若再问她，她一定就记住了，而且还发现如果想教她们什么，只需教月亮一人，如果刻意再教葡萄，她一定怎么都不讨好学，相反只把精力花在一人身上，过个几天另一个自然就会了。

昨晚与今晚她们都在八点前就睡着了，因为白天午睡时间提前缩短的原因。我倒觉得这种作习时间更好，我反而更轻松了，有点小窃喜。相信她们长时间的幼儿园生活会让她们成长不少。

入园第三天

　　今天依旧由我假装淡定自然地送她们进园，葡萄到了门口开始反方向行驶，我的心咯噔了一下发现情况不妙，但马上领悟必须镇定地不去强求她。她说要去玩沙子，我让她等一会儿，说是得先把姐姐送进去。正好有很多小朋友排队体检，我就让月亮站着别动，还好没怎么哄，葡萄看到马上就要轮到她姐姐了便插队进来，总算松了口气。早上没有再在家里给她们准备早餐，果然在幼儿园就能好好吃饭了，就算食量不大但二餐二点，估计也不会饿到哪去。和她们再见的时候照样跟我飞吻拜拜。

　　下午孩子爸第一次和我一起接她们回家。葡萄先看到我，扑到我身上，骄傲自豪地说："我的妈妈，我的妈妈，这是我的妈妈。"月亮紧接着就看到她爸了，也冲进他怀里，说："爸爸妈妈来啦，哈哈，好开心啊。"我不知道这是不是一种渴望幸福的暗示。但凡只要有她爸在，她们都异常乖巧，不会赖着不走，也不会吵着闹着要门口的各种可恶的招揽孩子的叫卖。

　　月亮接下来的表现让我觉得她确实有用心学习，首先她能稳稳地接住我扔给她的皮球，然后她开始安排我跟妈妈，还有葡萄站成一圈，并不同意我们坐着，然后她说："我们来玩扔皮球的游戏吧？"接着示意我们都得听她指挥该怎样做，等等。洗澡的时候我又问她今天有认识新的小伙伴吗？她说："有，叫雪雪。"另外我早上证实到确实宝宝班有位叫雪雪的小朋友哦。接着再问她老师姓什么？她脱口而出："姓吴。"看吧，记住了。

月亮还主动跟我说了件不满的事，她说："睡觉觉的时候，有一个蚊子，在我耳朵旁边，嗯，嗯，嗯，吵得我睡都睡不着。"我有些心疼，因为最近她要承受一些压力，首先是要适应一个新环境，其次是一直带她的外婆要回老家了。我除了之前灌输她幼儿园的思想后也一并做了她外婆为何要离开了的原因解释，我只能说月亮真的是个通情达理的孩子。洗澡的时候我又告诉她："婆婆明天就回去了，因为公公一个人在家，没有人照顾很可怜的，那婆婆也照顾我们很久了是不是？那我们开开心心地送婆婆回去，不哭好吗？我们如果想婆婆就回去看她，婆婆有空也会来南昌看我们，好不好？"每当我认真的时候，她都不会颠三倒四地跟我开玩笑，反而会很认真地说："好，我们还可以视频。"

孩子们在幼儿园期间，我陪妈妈去逛商场，买了些礼物送给她和最爱的家人，家人为我的付出可以说是无私的，铭记于心。明晚起我终于要正式接受一人养俩孩子的挑战，其实我也不知道自己是否已经准备好，但时间就在那流淌着，我的孩子也总会长大，生活也会越来越美好。加油哦，超人妈妈！

妈妈回家了

我没有让妈妈偷偷离开，而是大大方方提前把月亮葡萄接回来，然后亲自送到车站看着妈走。其实孩子真的很懂事，通情达理。葡萄不让妈妈走，月亮还劝她："婆婆回去照顾公公，你不要哭，要听话。"看着妈离开以后，葡萄还大哭起来，月亮说："婆婆不坐我们的车了。"一副淡定又伤感的样子。

我成年后就离开家独自在外闯荡，直到 2010 年妈妈因为要照顾我和宝贝们才又住到了一起，虽是母女，但都有了全新的认识和了解，中间也有很多的磨合。记得大肚子那年，她回去一趟，我每天都哭，就像个孩子，体会到忽然找不到妈妈的落寞。今天我依然不敢去看被她整理清空的衣柜，逃避并远离着这种失落。每每要离开时，妈妈总是显得无比温柔，帮我缝缝补补，到处都留下她的影子和各种嘱咐。她终归还是放不下她的两个小天使，尤其是她女儿。

亲人对我无私的爱我就更不能显得自私了。爸爸为了支持妈妈的工作，几年来一直在背后过着孤家寡人的伶仃生活，长期就着泡面过日子，身体每况愈下。我要放妈妈走，要让她回去照顾我亲爱的爸爸。还有姐姐，姐姐现在离家很近了，我一想着就觉得特别心安……你们都要好好的，我也会好好的。

今天是孩子们入园第四天了，早上葡萄依然站在门口说：“我不要去幼儿园。”我说：“行，你等着，妈先把姐送进去。”她看我走了，自己就屁颠跟来了，中午她依然没睡，去接她们的时候，葡萄刚撒完尿尿，站在厕所门口等月亮，看到我两眼放光，但也只无奈地站在窗子底下把手伸向我。月亮就不一样了，一看见我就直接走过去打开教室门并冲进我怀里。

在家发生一件趣事。我抱着葡萄坐在一张塑料矮凳上讲故事，突然凳脚一断，为了保住葡萄我摔了一跤，我假装很疼但确实有惊吓到就哭起来，月亮立马跑到我面前说：“我拿走它，这么坏，搞到我妈妈摔跤。”然后就提着凳子打开门丢了，回头俯身摸蹲在地上的我的脸，说：“你没事吧，我丢掉了哈，你没事吧？”哎哟，我的乖乖，真的知道心疼娘了。

今晚开始我正式接手带月亮睡觉这门活儿，妈交代我背向她，不然会被她踢坏的，呵呵，我要好好来感受一下妈妈每晚是怎么样跟她战斗的。

战争升级了

忘了关窗子，雨透过纱网把整个阳台都打湿了，孩子们欢快地在水里踩着水花，倒也罢了。还有今早，上次买的小雨伞没想到这么快就派上了用场，她们运用得很好，背着小书包，撑着小花伞，一点雨都没淋着，漫步轻盈，像两朵小蘑菇般可爱。

葡萄或装睡，或不穿我备好的衣服等，往往对我的话听而不见，如今还学会了找借口，直接跟我说："妈妈你说什么，我都听不懂。"眼里透着坏笑，是的，她的语言进步很大。她有时候还懒到手上的玩具也要由我代劳，比如下跳棋，她突然跟我说："葡萄累死了，妈妈帮我吧。"

昨天回孩子爷奶家，不得不赞叹葡萄的乖巧。因为月亮晕车的缘故，葡萄同意独自坐一个座位并系上安全带，来回各要一个半小时的路程，她都很安静，非常配合地完成了，中途看到她有累的感觉，但她都没有闹腾，只是自己调整了一下坐姿，或靠或扭动几下，后来又要求我帮她解开安全带，我便依了她。于是我更加确定她惊人的平衡力，她就这样站在座位底下不扶扶手，伴着摇晃，刹车，稳稳地立在那儿。

路途中她们也感到无聊，葡萄倒坐在中间的时候，可能突然想起我妈那副老鹰护驾的样子，就跟躺在我怀里没一点精神的月亮聊天。她说："婆婆回石底河了，不在，姐姐，你想她吗？"

也许月亮也懂得感激葡萄一路以来都没和她抢妈妈，喝奶的时候，她主动说："妈妈，先给妹妹喝。"

她们也学会了跟我一起收拾玩具，还有丢了一地的书，虽然还不能做到非常整洁，但我已慢慢培养她们"哪里拿的放回哪里去"，以及简单归类等好习惯，她们都做得很棒。

葡萄骨子里有种天生的妩媚性感、超女性的潜质，我觉得。她有时候坐姿有些三八，尤其是过去有一张跷二郎腿嗑瓜子的照片，要不就楚楚动人，同样的装着打扮，同样的舞蹈，做起来，月亮怎么看都要显得滑稽，而不像葡萄这般动情。

俩人的战争上升了一个档次。由于舞姿的幅度偏大，难免打到对方，于是在"舞台"上开始没有舞品舞德地叫骂起来。月亮说："你还要这样是吧？"葡萄正尽兴呢，根本不理她，于是月亮一个巴掌扇过去，葡萄发出第一声警告，停下动作，直指月亮："葡萄生气了。"轮到月亮不买账了，再次扇过去，葡萄终于忍无可忍，出手的瞬间还不忘再次说上一句："我真的生气了。"于是俩人撕打在一块儿。

我知道，这些语言都是她们模仿我才说出来的，一字不差。每当这时我又心生愧疚，咆哮也成为了我人性里最阴暗的一面，却还那么道貌岸然地说教。嗓子到现在都还嘶哑着，一扯就疼，但依然无法克制对孩子的伤害，天天在书里寻求平衡，心不定，怎能安？

感恩我的宝贝

上个周末我带着月亮到我的工作室加班，最近的时间总是匆忙又明显不够用，所以眨眼就到了十二点。这边的写字楼处在繁华地段的商业圈，四部电梯似乎整个白天都在超负荷运转，为了避免高峰期我只好将就带着月亮两人共吃了一包泡面，看着她吃得很香，我承认我有一些心酸和愧疚。午休也是让她躺在沙发上迷糊的，还好月亮一直都在关键时刻懂得配合关爱我，让我内心充满力量。

今天周一，孩子爷爷把葡萄送回南昌，我接到她后，她就一直缩在我怀里，靠在我肩上，我问她话她也不怎么吭声，好像有隐隐啜泣。宝贝，妈妈知道，即便你爷奶再深爱你似海，妈妈不在身边也是让你觉得委屈的，所以接下来你做出那几件在平常绝对挑战我极限的举动，我都一直忍着，我除了一直给自己必须要对你柔软的意念，就还是柔软，依然是柔软……于是你强烈要求不去幼儿园我便依了你，当你说你就要和妈妈在一起，妈妈终于泪崩了，看着你安然躺在我的大床上，我知道你的一切行为都是在生气，在发泄……

当别人都在替我觉得辛苦的时候，妈妈知道他们还有更多的羡慕，因为有你们。

当妈妈累得快趴下的时候，妈妈脑海里便不断涌现你们贴心又可爱的画面，因为有你们。

当妈妈抱怨咆哮的时候，妈妈知道你们永远不会跟我记仇，一样会像小棉袄一样紧紧地贴着我，因为有你们。

当别人都在感叹我带着你们之外还要撑起自己的事业，我要感恩于我还在做着自己喜欢的事情，没有勉强，没有负担。

当别人都着冒着烈日炎炎，骑着电动车，挤着公交，我要感恩，我即便同样左右扛着各种大麻袋行李箱，却穿梭在有空调设备的车里、机场、大都市……而这一切，又都是我曾一路踏实、努力走来，途中又承受和隐忍太多常人无法接受而到今天终于破茧成蝶的。

做这一切，只因为有你们，给了我无限努力并坚强的理由，让我对生活充满着美好憧憬，让我成长蜕变得越来越达到我预想的期望值，即便偶尔苍凉，妈妈也是觉得每天都过得如此精彩是有意义的，所以，妈妈要感恩于你们。

睡前给葡萄看早上在园里拍的月亮跳的早操舞，由于我的忙碌，直到今天我才有下时间来欣赏，原来月亮进步那么大了，葡萄问我怎么没有她，我说你今天不是说要跟着妈妈吗？然后她听着音乐，看着视频动作，没想到马上就想起什么似的，翩翩起舞起来，动作比月亮做得更加到位，我就这样静静地看着她们，第一次觉得自己的两个女儿真的特别特别棒。

我现在都改成晚上洗衣了，晾晒的时候，突然看见高空的月亮，特别圆，特别亮。我推开窗子，还迎来一阵凉爽的微风，很久没有这样惬意，能这样望着月色的记忆，还停留在儿时的院子里……我突然想起，早上老师和别的家长告诉我，有一个小男孩头靠着葡萄肩上，月亮指着他说："你不要这样，不要动我妹妹。"

因为有你们，我是如此心安，那么温暖……

入园一个月杂记

　　一个月整了，比起过去觉得时间过得更快了，我从期待着周一至周五白天自由的空间，到每天下午五点又迫不及待地想要见到她们，再到忙碌甚至内心开始有些小恐慌的周末，可谓是实实在在体验着时间的稍纵即逝，越是想珍惜，越是像手里紧握着的细沙……

　　总体来说，孩子初入园的表现还是很令人满意的。尤其是月亮，再一次表扬她在这四周可以说完全没有让我闹心，葡萄也只是几天时间的适应过程，而且都是在情理之中。

　　现在来说一下葡萄，可能是因为上周最终未经得她同意就把她送到她爷奶家的原因，导致这一周在家她的表现极差。几乎每天她都做挑战我极限的事情，我也终于在这条路上摸索出对付她的办法，就是任由她可劲儿地哭闹，视而不见。当然，她故意提高嗓门叫嚣连天的过程，不是一般人能忍耐的，但我依然忍着，因为我知道我咆哮只会让自己更受伤，于是只有等到她发泄够了后主动会说要我抱，我才放下手头的事，一把将她抱起，她顿时鸦雀无声，跟没事人一样。百发百中。总结一个字，就是人性里都有一种叫贱的东西。

　　葡萄的贱，真的贱得很无缘无故。家里只有一个狗熊氢气球，两人都要争，一般这种情况我都会叫月亮让着妹妹，由于是新鲜玩意所以月亮也让我做了很长一段时间的思想工作才讲通，最终同意把已经握在她手上的气球让给葡萄，但前提条件是不能我拿，要她自己给葡萄，这要求实在合情合理，我毫无异议。但葡萄不行，讲什么都不领月亮的情，非要月亮给到我手上再交给她，没办法，这么小的月亮也看不下去她的矫情了，所以最后还是因为争—让—不领情—爱要不要—不给不干……大打出手。

后来又有某天，接她们放学的时候，我带去的几块饼干因为没先给到葡萄手上（别的小朋友一起分享了），于是还没离园她就开始跟我嘶叫起来，在众人面前我必须矜持优雅地哄着供着，所以这事终究还是成为了她到家后又接连发生的别的状况让我实在忍无可忍而咆哮的导火索。我几乎是拽着她的两条小胳膊，拼命摇晃，我想那时的我一定面目狰狞。她突然哭声戛然而止，以井喷的速度跟方式把晚饭全呕吐了出来，我的全身，脸上、嘴里、床上……我闭着眼睛，一动都不想动了，当时，就两个字，绝望。

接着我就给她洗头洗澡，才发现她还学会了找借口，为了逃避冲头上的泡沫（她俩向来最讨厌的事），先是咳嗽了几声，然后连说："我又咳嗽了，不能洗，会感冒。"为了转移她的注意力，我又不厌其烦地问她今天在幼儿园学了什么，没想到她终于不再千篇一律地回答我"小绵羊"了。总算说了点新鲜的，她说："欢迎欢迎，热烈欢迎。"然后八竿子打不着地来一句："拉火车，洗手手。"

再来说说月亮，我要承认，相比之下，月亮贴心太多太多了。自从妈妈回去后，她慢慢习惯并完全接受自己独立，主动上床睡觉，无须我哄和陪，夜里没再像以往妈妈说的那样突然大哭，捶打床板，早上更是不会在她先醒之后一定要拖我起来，而是自己下来搬好一盘跳棋，再回到床上，坐在我旁边，轻轻地拈起小玻璃珠，一颗颗填满，一颗颗清空，又一颗颗回位……还有几次，我偷偷发现她就这样静静地看着假装熟睡的我。待我醒来后，她就会来跟我相拥，亲吻我，一点也不吝啬地告诉我："妈妈，我好喜欢你啊，妈妈好可爱啊。"

除了贴心，月亮还渐渐显现出她分析和分辨是非的能力。今晚在新闻上看到一则父亲虐待女儿的事件，我本想立刻转台，但她突然说了句："啊，啊，啊呀好可怜啊，是她爸爸打的，啊，啊，到我家来吧。"这说明她看懂了电视在演什么，也很富有同情心，最重要的是她并没有因为这样的爸爸就产生恐惧（这也是我起初想换台的原因，现在发现我这一举动显得有点多余），相反，她对自己的家庭关系有足够的安全感。后来，我问她小女孩这么可怜怎么办呢？她说："给她吃块蛋糕吧。"

因为最近的忙碌在对孩子的用心和精力方面比过去好像减去了不少，于是晚上特意陪她们玩了一会儿捉迷藏的游戏，即便幼稚得不能再幼稚，明知道对方在哪但在被找到的那刻她们依然兴奋十足，乐此不疲。我突然想我应该认真一回，于是躲在关了门的卫生间，看她们的反应如何。起先劲很足，很快葡萄就开始低落起来，喃喃自语："妈她们妈呢，呜呜，妈妈呢？"月亮安慰她："你怎么了，姐姐不是在吗？不要哭。"然后接着继续寻找，还是没找到，葡萄欲作痛哭状，月亮大喊："妈妈，你在哪里，葡萄要你。"我偷偷观察月亮的表情，其实她是在喊士气，眼神也开始略有恐慌了，我终于不忍再如此下去，假装高兴地跳出来哈哈大笑，但她们俩都没有了找到我刹那的兴奋和乐趣，而是一起紧紧地搂着我……宝贝，对不起，妈妈下次再也不这样了。

我又突然寻找到了一抹晚霞，在这座城市的天空，期待这个周末我们能快乐轻松地度过……

学会安然

上个周末没再把葡萄送回她爷奶家，我问她喜欢那儿吗？她说喜欢，我说那再回去好吗？她马上说不要，说："我才刚回来。"好吧，我带着她俩到工作室加班，结果两人乐翻了，把能够得着的各种东西全整了个遍，凌乱不堪……

周六周日两天午休我都尝试让她们睡到一起，并且没再喝奶，居然相安无事。这些日子，可能因为身心疲惫，我总是在夜里抚摸着她们的额头，握着她们的小手，在脸颊上亲了又亲，想起曾经的过往，看着她们安然酣睡的样子，其实那些又有什么关系？生命只有走过才能了解，而必须不停地向前看才能好好地活下去。

前天半夜里，月亮又突然大喊大叫："要葡萄，我要葡萄。"我不停地安抚并告诉她葡萄已经睡觉了，但她仍不死心，死活就是念着要葡萄，我终于反应过来她是否不是要妹妹，而是要吃的葡萄，于是问她是这样吗？她说："嗯、嗯、嗯啊，我要葡萄，我要葡萄。"我说："好，你等着，妈妈给你拿。"然后她就不哭了，我擦了一把汗，真是女孩的心思不好猜也别乱猜啊，于是我只能跑到冰箱里取了两颗葡萄，睡眼惺忪的月亮还当真就活生生吃下去两颗冰得要死的葡萄，完了还吐了完整的葡萄皮出来，接着无比满足地睡去……我当时就傻了，幸好家里当时有葡萄，如果她给我提出什么别的要求我可怎么办啊？

我想她们现在已然完全适应并熟悉幼儿园的生活，回来会跳早操舞给我欣赏，也会正经告诉我老师教了什么。比如昨天放学后月亮跟我说，她学了："小猫猫，喵喵叫，孔雀打开是兰花，兰花打开是孔雀，慢慢长出小犄角。"呵呵，我知道她念的这都是哪跟哪啊，不过她们是班里年纪最小的小朋友，尽管没有记完整，也没有语言通畅，甚至前言不搭后语，但是我仍能想象她们一定认真并用心学习的样子。何况她们再更小一些的时候就能念"扁担长板凳宽"的绕口令给我听了……

我现在每天有条不紊地安排着自己，送完孩子们到达我的工作室，依然重复着收拾、整理，收集各大时尚讯息潮流，也终于可以安静地听着音乐，看会儿书，这个属于我私人的空间领域，让我觉得那么安逸和释然。我常想，我要把孩子、把工作，甚至把我的私人生活都分门类别，可它们总是穿插其中，相辅相成，我的字里行间也总是无法脱离，也许这就是生活。过去太注重什么是想要的，却完全忽略了行至结果的过程，其实无论悲伤与否，还是喜极亦罢，都要学会安然，学会妥协，学会宽容，学会悦纳，学会感恩……

熊妈妈的"慢生活"正式升级并更名为"乘芳瑜伽工作室"，每次去到她那儿，我总能跟随像修女一样的她安静并沉淀下来，我们都在做着自己喜欢的事，享受给彼此带来的心灵上的寄托。

隐忍的孩子

一个多月下来，小朋友们在幼儿园吸收到的知识真的有了质的变化，能一首一首完整地背给我听，以及告诉我幼儿园发生的一些事情，或者回忆她们每天吃过什么点心。

她们先念了这样一首儿歌给我听："大公鸡喔喔叫，外面的世界真美？（月亮念美俏，葡萄念美好，我猜应该是美妙。）小朋友们排好队，大家快来做早操。"然后葡萄"＃￥％—％￥—＃"地又念了四句我完全听不懂的鸟语，但我要承认句子确实是押韵的，她只是吐字不清，每每这时月亮总是被她带到沟里去，以至于我最终无法分辨她们到底在说什么。好吧，还有一首："金苹果金苹果金又金，银苹果银苹果银又银，好孩子好孩子顶呱呱，坏孩子坏孩子嗦啦啦。"每次念完这个她们就会面对面聊天，内容如下，葡萄问："你是哪里人？"月亮说："我是中国人。"葡萄接着问："你是中国人啊，那是好孩子吗？"于是，从葡萄把月亮带到沟里的事件再到抛砖引玉的作风我基本可以判断，她将来应该是个很不错的，有引导能力的人。

我一直认为月亮是个马大哈，不过从她和妈妈的电话聊天内容我发现她是个懂得隐忍而且是有固定思维和记忆的孩子。说她隐忍是自从妈妈回去后她几乎没有找过她，我以为她是忘记了妈妈，但其实不然。她们的对话如下，先是客套地问好，然后羞涩地说想她，然后跟她叙述一个星期前她在学校玩钢琴被压到手的事件，然后又告诉她更久以前骑小黄马摔倒的事情，这时信号中断了，她说："又发生了什么事情？"于是把电话给葡萄，命令她叫婆婆，葡萄接过电话，老道地说："你说什么，我听不清楚。"（其实是她为不想说话找的借口），月亮一把抢过电话来，大声说："婆婆，我好想你。"

上周末我带她们去游泳了，由熊妈妈帮我看护月亮，一个回合过后，我欲交换一下，没想到月亮在试过我这旱鸭子教练后特别嫌弃起我来，要求我撤退。回来还不忘夸奖起熊妈妈的儿子，她说："果果哥哥好厉害啊，但是……"她没说下去，所以我不知道她要"但是"什么，咦，她居然会用"但是"了。

每晚八点准时睡觉的月亮，昨晚折腾到十点才入眠，一直哭哭闹闹，于是就有了以下她跟我的对话，我问她："你告诉妈妈，今天是不是有什么不开心的事？"她说："老师叫我大口吃饭。"我问："然后你不想吃是吗？"她说："是。"我说："那老师生气了是吗？"她说："没有，小朋友们都爱我，我在幼儿园很开心。"我说："那下午洗澡的时候为什么生气？"她说："你不让我洗毛毛。（她的腋窝）"我说："那妈妈跟你说对不起好吗？"她说："好。"我说："告诉妈妈，老师在幼儿园都跟你们做什么游戏呢？"她说："就玩玩具这样，还有拉火车，吃饭。"我说："好，那妈妈拿笔给你写下来好吗？"她说好，然后催我："你还没拿到啊。"她看我用右手写字，居然指挥起我，想让我跟她一样，她说："你怎么用这个手啊，要用这个手啊（指着自己左手）。"

说一下她下午洗澡的事情，再正常不过的程序，她却突然发飙，光着身子在地上嘶吼，葡萄也过来跟风，一起哭天喊地，我捶着胸口压制着怒气，一句都没冲她们喊，只是停止洗澡的动作，两手捂住耳朵任由她们撒泼。据我对月亮的了解，她一定是受了什么委屈当时没有发泄出来，然后由此作为导火索，再遇到一件稍没合她意的事就爆发出来。所以我不想阻止，也无力哄抬，只能克制自己的情绪任其肆虐，因为我深深知道我咆哮之后带给她们还有我自己内心的伤害，可是事后我又发现这种冷暴力依然让她们存在阴影，于是我开始矛盾和纠结了，我不知道怎样才能寻求到更有力的平衡点。

　　自从工作室成立后，我确实疏忽了很多对她们的用心和管理。夜里，一丝月光投射进来打在月亮的侧脸上，仿佛都能看见她嫩嫩皮肤上的绒绒细毛，她的轮廓像极了小时候的我，我轻轻地抚摸着安睡的她，心里想着要平衡的又何止是咆哮及冷暴力之间？而是如何给你们更多的关注，其次才是我的事业。

姐妹俩一起睡觉了

月亮说："我去卖豆豆。"我问："多少钱？"她说："二分钱。"我说："那我给五毛，全买了吧，但是你卖给我了就不能再拿回去哦。"我正在做事，为了避免麻烦，正在泯灭她经商的头脑，她同意成交。隔了一会儿，她跑来摸了摸那些在我面前的豆子，无趣地说："现在是你的了，我不会动。"

月亮几乎每天都能让人看见她的成长，自觉、自控意识都很强，看见我的手机、电脑、化妆品都会说："这是妈妈的，不能动。"

除了开口唱歌，月亮现在还学会闭嘴哼曲儿了，很有自娱自乐的精神。

我抱月亮蹲厕，她边用劲儿边说："我的屁怎么这么硬啊，妈妈你捂到嘴巴不要闻，好臭。要不你出去吧。"我说："出去干什么？"她说："出去吹风扇，好热。"然后我就去开风扇，葡萄说："不要开风扇，开空调。"小样儿还挺会享受。

葡萄骑着车，拍拍后座，说："姐姐，你坐这，我们从这里出发吧。"我说："去哪？"她说："去中国。"哦，你现在在肯尼亚吗，哈哈。

月亮洗完澡自己穿凉鞋，站着、坐着、蹲着都没穿上，葡萄说："你这个表仔（我们老家骂人的话，看场合，运用得好的话也无伤大雅），穿拖鞋哇，不要穿这个凉鞋。"

天哪，妈已经回去两个月了，她怎么还记得？

月亮去幼儿园，阳光照射，她埋怨道："我没有雨伞，我怎么挡太阳啊？"看来她已经知道伞不止是遮雨的哦。

接她们放学带了点吃的，月亮马上说："要跟小朋友们一起分享。"然后大方地开始派发，最后自己不够吃了，回来路上跟我发躁。

看见电视里小女孩跳拉丁，月亮正想摆弄，忽然想起说："我没穿裙子怎么跳舞啊？"小样儿还会反问了。

葡萄开始坚持不肯穿纸尿裤睡觉了，估计是有所醒悟，但熟睡后我还是会给她穿上，早上起来问她拉湿没，月亮用很不屑的表情抢答："肯定拉湿了哇。"居然会用肯定句了。

月亮还对色彩开始有了认识和兴趣，会拿某个颜色的物品满房子地去找相对应的颜色，找到后便兴奋不已地要我夸她："月亮很棒吧？"是的，宝贝，你真棒。

月亮现在发觉自己做错一点点事情就立马会哭泣，昨天她打翻手上的茶杯，又哭得特别伤心，我问她为什么要这样呢，妈妈又不会生气不会责怪你，她说："怕妈妈生气。"我再一次意识到自己平常的所作所为，一定是太过严厉苛刻吓着孩子了。我跟她道歉，说以后会改正。今日她又重复错误，当时我正好在阳台晒衣服，听到她自言自语地说："没事，妈妈不会生气。"

这周开始把她们安排在一个房间睡，关灯锁门后听到她们会在里边聊天，大致内容是："你是自己穿的睡袋不？""是啊""你还要喝奶不？""你有没有穿尿片啊""不能讲话哦，等下妈妈会打屁股哦"……

葡萄这周不可爱，总是在去和回学校的路上跟我做拉锯战，弄得我汗流浃背狼狈不堪。昨晚又因为洗头大闹天宫，我把她扔房间爱咋咋滴，半小时候我进去，她不哭了，横着眼睛看我，然后就乖乖跟我再洗一次，唉。

公公帅，爸爸帅

早上月亮说："妈妈，我们聊一下天吧。"我问聊什么呢？她说："聊公公吧，公公长胡须，很帅。"于是我把这事跟她爸复述，她马上更正："爸爸帅。"电话里却依旧跟她外公说："公公帅。"无语。她的本事还不止这个，她去抽屉里翻她小时候的相册，我说："你别乱动我的东西好吧？"她马上狡辩："我没有动你的东西，我是动我自己的东西。"

我准备出门，月亮交代我："妈妈，你不要穿这个裤子（当时穿的睡裤，正要换）。"我问为什么？她作思考状后说："好丑。"

葡萄常把书看完扔一地，月亮就跟老妈子一样在后头收拾，伴着唉声叹气："你看哇，丢了一地，不知道心疼妈妈啊？"宝贝，妈妈有你心疼也够啦。

这周不知道怎么月亮不太想上学，磨叽起来，总是撒娇说："妈妈，我要休息，我要休息嘛。"其实加上周末，她明明刚休息完两天。

两个小家伙总是跟我抢酒酿喝，一见我端出来，葡萄马上把奶瓶扔到不知道多远，飞奔过来先说："妈妈，我没有咳嗽呢。"事实她昨天还在发烧，我说好吧，一人赏一口，可月亮猴急边吃边咳上了，我只能说："没办法啦，你看你也咳嗽了，不能吃了。"她竟然驼起背竖起食指，作无比可怜状："让我再吃一口嘛。"于是又一人赏一小口，葡萄不同意，说："我要吃大口。"唉，现在钞票要分着花，就剩下好（第四声）的这一小口也轮流抢我的……

葡萄自己要求吃干饭，边吃边叹一口气，说："唉，吃白饭。"真是冤枉，不知道的以为我虐待她了。

葡萄可能由于出生时胃就没发育完整，七八个月大之前一直吐奶，后期吃得过饱或者伤风感冒都能引起喷射性呕吐。上周阳台上关于她吐的拉的，洗晒就没停过，不过我们都好像在这个过程中磨炼出了各自的意志和经验，近几次她都会在吐之前大声向我呼救，然后我一个箭步冲到房间，不忘顺手捎上一个垃圾桶，在她说出"要吐"两个字的同时，我一把将她抱起，伴随哗啦啦瀑布般的形状，睡前牛奶、晚饭，甚至中餐全都从她胃里翻腾出来……她从原先的恐慌、委屈、痛苦，转变到现在事后好不爽快，小巴掌在嘴巴上一抹，打个嗝，笑着跟我说："妈妈，我又吐了。"她是那么懂事，因为她的机警，我不用再收拾吐得一天一地的床铺，收拾全身沾满污物的衣服，清理足够让我再作呕一回的地面……

她们会开始在家里坐上小板凳，模仿老师和小朋友们之间的交流，齐齐地说："小朋友们快坐好。""我们已经坐好了。"

从此以后，中秋都和我有关系了，因为有月亮，而葡萄酒一直都是我生命里不可或缺的。

我的小姑娘妈妈

月亮有一天突然问我："你是人不？"我说："废话，你是人不？"她说："不是，我是月亮卓瑾啊。"后来又看到我的香奈尔项链，便问我这是什么，我说是香奈尔啊，她说："不是，是 C 啊。"于是不能把握她在学校到底学了多少知识，回来班门弄斧。

我把她们俩的小合唱或二重唱视为家庭小型音乐会，因为她们真的唱得很棒，配合得相当默契，节假日给我献上一首："爸爸妈妈去上班，我去幼儿园，我不哭也不闹，叫声老师早。"

葡萄表示特别依恋我，总是黏在我身上叫我："我的小姑娘妈妈，我好喜欢你啊！"让我的虚荣心超级受用的，想想都不由自主地要笑，给力的一天。

我给葡萄洗澡的时候让月亮帮忙拿挂墙上的毛巾，她踮着脚尖奋力向上，我故意什么也不说看她自己是否会动脑筋想办法，没想到葡萄马上来一句："去拿板凳啊，你这个傻瓜。"

葡萄不知道哪学来的，也许不是学，而就是属于她的语言风格吧，我发现她说话总是带着台湾腔调，听得你心酥痒酥痒的。她晚上休息还假装很认真，非要带本书，等我再去看她时，她却跟大爷似的叼着奶嘴，好不斯文。

我不想长龅牙

有工作了，有孩子的各种节假日了，所以从此五一、国庆、元旦、春节……都开始跟我有关系了。因为要适当让自己劳逸结合，要安排和陪伴她们度过快乐的每一天。

这种时候总是逃不掉要喝一场喜酒的，每次为了让月亮和葡萄安静坐车，我都要费力追逐一排排一辆辆花车来吸引她们，而这次她们终于目睹所谓新娘的真容。可是看见化了浓妆的脸蛋，一袭纯白色又长又蓬的婚纱后，她们却吓着了，根本不敢靠近，尤其是葡萄，月亮在我哄了半天后才勉强靠近新娘，然后又勉强合了几张影……不过接下来几天，但凡看到盖过了脚趾的布料，她都统称为新娘子。

妈妈回去后，刚开始我一个人战战兢兢在家带她们俩哪也不敢去，后来我又提心吊胆地尝试带她们只在小区里转转，现在，我一个人会带她们去几十公里以外的地方，一切都得心应手了。首先要感恩孩子们的配合，我总是会在出发前确定她们是否能听话，事实证明她们几乎从未食言，然后要感谢好友们在游玩时的照应。

孩子们真的开始记事儿了，会要求我兑现诺言，为了让她们一直保持像今天一样做诚实守信的人，所以从未也不愿凑热闹的我还是硬着头皮带她们去动物园看老虎了，那个人多的……先是路途遥远，然后不明白为什么偌大一个动物园却没看着几个动物，一路走走停停，全是草地，

137

各种桥，各种馆，通常里面就一只长颈鹿，或两只猴子，或一头大象，剩下的全是人类。回来后我努力回忆今天都看到了什么，的确寥寥无几，总之它们睡着了，我的孩子们也累睡着了。我正要绝望原来神马也没有的时候，所谓的小型动物开演了，居然看到了一只山羊。好吧，不能白来一趟，我把孩子们弄醒，怎么也得看点东西吧，就在半小时的表演还剩五分钟时，我知道必须提前离场，不然等会儿该出不去了，因为人多得……咦，居然出来四只老虎和一头狮子，我的月亮和葡萄日思夜想要跟它们做朋友的玩意儿终于出现了。它们很有气场地仰天长啸，然后依次打了个滚，就走了，果然KING就是耍大牌啊……

虽然一直忙碌地折腾着，却依然保证了她们的作息并未打乱，趁她们午休的时候，我终于可以安静地坐在这张从熊妈妈那里整来的藤椅。自从有了孩子后，这种闲暇时光就显得弥足珍贵。从阳台望去，斜阳打在玉带河上，波光粼粼，离我不远的天空，最近也总能看见蓝色，不再是灰蒙蒙的一片，也许只是心情，抑或心态变了，因为你愿意并开始去关注一切美好的东西……

前几天听人告诉我要在三岁前戒掉葡萄的奶嘴瘾，不然会变成龅牙，我着实吓着了，为自己的无知感到羞愧和深深自责，因为葡萄今天这样依赖奶瓶我有不可推卸的责任，首先是没给她足够的安全感她才需要找到某种东西来自我安慰，其次她依赖上奶瓶后我常常为了让她安静就拿这玩意儿堵住她的嘴巴，所以这次我若想改变她又有什么资格强迫她或一味粗暴地阻止就了事呢？一个大人要想戒个什么还得靠毅力呢。于是我先跟她讲了一番道理，但她虽点头却依然不明白我到底想要怎样，于是我只能使出绝招，百度了好多我都不敢直视的龅牙图片让她自己看，真是天性就知道爱美啊，她当时就毅然决然地把奶瓶扔到不知道多远，然后跟我说好恶心啊。加上月亮不停地在旁边煽风点火说："你以后不要吃奶瓶了知道不，会长龅牙，好恶心啊。"到了晚上，我让她喝完奶就把奶瓶放在旁边，我说："妈妈相信你，你一定能控制好自己，妈妈知道很难，但妈妈一定会陪你坚强度过。"她说好，然后我就关门出去了，其实是抱着试试看的心态，但等她睡着我再进去时，奶瓶果然不在她嘴里，而是在离她有一点距离的位置，我当时就感动了。可是第二天，她不再敢喝水，该喝奶的时候也不太敢喝了，总跟我说："妈妈，会长龅牙耶。"唉，于是我又花了一番工夫去哄她、求她，告诉她喝完再说。第三天，她开始无精打采，一副没鸦片吸的蔫不拉唧的状态，然后我发现她吮着自己的拇指和食指。我并未阻止她，就是觉得心痛，后来她拿出来的时候，手指跟被水泡过了一样，她好像恐慌起来，不知所措，我只能一直安慰再安慰，宝贝，就一周，希望你能很快好起来。

　　长假最后一天，带她们去九江的地界了，体验农家乐的生活，拾板栗，摘橘子，看黑毛猪，追公鸡……小家伙们可开心了，快乐成长吧宝贝。

姐妹情深

每天早晨我在卫生间梳头，扎马尾的时候月亮说："妈妈，你真像个小女孩。"然后葡萄更正："不是，是像布娃娃。"最后，我一整天的心情超棒……

每天早晨葡萄都会打开我的衣柜，思索着帮我选衣服，当然不能完全听她的，但会跟她商量最后统一意见。一天我又穿了裙子，她说："妈妈，你穿裙子真漂亮啊。"所以，我总是跟打了鸡血一样精力充沛，乐观又积极向上……

每天早晨我们还会在床上聊会儿天，月亮说："妈妈，你问我一个问题吧？一个悄悄话的问题。"然后我悄悄告诉她："妈妈很爱你们哦，很爱很爱。"

葡萄总是记得提醒我放学后可能会留在教室里的东西，比如奶瓶，比如换洗了被老师晾晒的衣物，比如书包，比如从家里带过去的玩具……

月亮居然懂得虎毒不食子的道理。在三亚买了一只遇水就会膨胀的玩具螃蟹，她准备将它放进真螃蟹的保鲜箱里，我阻止她的时候她这样说："它是它的妈妈啊，它不会咬它的。"她真的是用非常非常认真的表情和肯定的语气说的……

我被门夹到手，疼得想哭，月亮和葡萄赶紧过来摸着我的头，着急地询问我哪里哪里，我指着手，月亮边亲边说："没事没事，别哭，我亲一下就好了。"然后葡萄也过来交代："下次你不要让门夹到了噢……"

我用刀具的时候，月亮也总叮嘱我说："妈妈，你要小心噢。"我带她们去菜场，前面站一个后面背一个，出门前我总会先跟她们谈好，要紧跟我，不乱动，不吵闹，她们从不食言，就这样陪我东跑西窜，办了很多琐碎的事情，宝贝，你们真棒……

　　由于有一次葡萄吞下去过一颗口香糖，所以从此我都不同意她再拿口香糖来玩儿或吃了，但是挺放心月亮的，因为她从不会那样做。午休后她比葡萄先醒，我答应给她一粒但不能吵醒妹妹，更不能告诉她，她答应得好好的，但隔了一会儿葡萄醒了，她却大声喊起来："妹妹，快过来吃口香糖。"接着葡萄开始闹我，我不给，月亮居然还告诉她："走，我带你去拿，在妈妈包里。"气死我了，这个背叛者。她还求情："妈妈，我会看着她的，会让她含着不吞到肚肚里的。"姐妹情深，无语……

说好的一起分享呢？

这周恢复孩子们的幼儿园生活，妈妈帮我把她们养得棒棒的，而我也能安心工作，到家妈妈已做好热腾腾的饭菜，全是我喜欢的……我女儿有事，我义无反顾；我有事，我的妈妈义无反顾……总是让我的心幸福满满，暖意遍流……

所以孩子们特别爱她们的外婆，尤其是月亮，她好像感觉到妈妈要回老家了，每晚都不用陪的她这些天却伤感起来，总是嚷嚷着要婆婆陪，娇得不行，她跟我说："妈妈，不要让婆婆回去嘛。"我教她："你去叫她啊，叫她不要走。"然后她就去抱着正在晾衣服的妈妈，拽着她的腿说："婆婆，你不要走，我求求你。"晕，我绝没有教她用"求求"两个字噢……

回忆那天在诊所打屁股针，月亮总是哭到不行，葡萄说我："你不要玩游戏了啊，去抱一下她啊。"当时我正在给客户传衣服图片……

然后我喝成人的酸奶，月亮总是抢，当然，她们现在抢我的又何止是酸奶？我告诉她这是我的，她满怀质疑又不死心地回我一句："是吗？不是吧？"

她们现在开始每天早上会抢占茅坑了，葡萄解决问题的方法一般就是一哭二闹三上吊，月亮很无奈，说："你让我先上啊，你为什么不让我先上呢？老师都说了要一起分享，你为什么就不跟我一起分享呢？"……她到底什么时候就会这样成串成串地说话了？

接着葡萄就开始打击报复了。我总是学学校老师的样子，坐在前面，她们在我对面坐一排，然后开始讲故事，她们称呼我黄老师。她们又总是意见不一，各有各的故事书，然后不准对方听故事内容，有这样的道理吗？这时葡萄就说了："你不和我分享，黄老师就不跟你讲故事了……"

最后月亮突然站起来说："我问你一个问题，等下我跳绳的时候，你不要抢我的绳子，好吧？"

有一天，月亮挡在电视机前面，葡萄叫："妈妈，嗯，嗯，前面有人。"意思月亮挡住她看动画片了，月亮一听就火了，说："你不要讲有人，我不是人，我是月亮，你讲错了……"这……这……这……

然后葡萄又去折腾我的碟片，月亮来我这告状，说："妹妹玩儿片子。"我生气地说："是，你们都是骗子。"她大哭，说道："你讲错了，你肯定讲错了，是碟子，不是骗子……"好吧，麻麻错了，麻麻是骗子……

电视剧里一句台词蹦出来："难道我就忍气吞声一辈子吗？"月亮听到就跑来告诉我："妈妈，她踢被子啦。"唉，你操的心真多……

她们现在很会自娱自乐，拿我的白箱子从这头推到那头，到最后总是会以打架收场，因为中间肯定有人占了便宜少推了一次，月亮恶狠狠地说："老虎会来咬你……"葡萄可唧瑟了，回道："老虎在动物园里出不来……"额，我知道了，葡萄少推了一次多坐了一回……

那就叫爸爸换一个妈妈

　　上个月我几乎所有的精力都放在了孩子的身上，因为感染到病毒、重感，等一系列状况，导致在诊所、药店来回折腾超过了一个月之久。她们两只手的血管被扎得已让针头无处安放，但她们却一声都未曾哭过。我开始郑重地质疑起自己是否真的有看管孩子的能力，心理、精神领域一度接近崩溃。

　　后来我把孩子送回她们的爷奶家，早上我坐火车离开回南昌工作，下午再坐火车回去陪伴她们，整整一周，每天如此。那是段令人心碎的回忆，早上她们跟我挥手再见，告诉我："妈妈，天黑了，你就回来了哦。"再见我时，月亮总是含着泪水，抱着我说："妈妈，你把我们带回家吧，你怎么把我们留在这里呢？"我原来以为葡萄感情更细腻，但这次发现月亮才更敏感脆弱，我能感觉到她的委屈，她对我的满腹思念。而葡萄却在一边附和："妈妈，她想你，所以就哭了。"我问她："那你想我吗？"她说："想啊。"然后就跑一边玩儿去了，我看着她的背影，终于觉得她变得乐观又坚强了很多。然而，心事太重的我在第二天最终还是下错了车站，我坐在冰冷的候车室，又听到了在脑门上敲一下都能听到回响的声音，寂静极了，那种失落比起害怕更为严重，我又一次沦陷在无助、彷徨的世界里，我不知道怎样去跟还在苦苦等待我的人儿交代。我打电话回去，让她们晚上一定要乖，不要闹腾，要给妈妈争气，并答应她们第二天午休后一睁眼就能看到我⋯⋯我努力做到了。月亮见到我就哭了，特别委屈伤心，一直念叨说："妈妈，你坐错车了啊，你怎么就坐错车了呢？"连半夜醒来都还在梦呓这句话，然后再接下来的几天也还一直担忧⋯⋯依然每天重复："妈妈，带我们回家吧。"其实我们都在熬，煎熬，终于熬过了一周，孩子她爸来接我们回家了，一路上月亮兴奋到不行，在车里手舞足蹈的，居然没晕也没吐，她已经知道家的概念，知道家对她的重要⋯⋯

她们终于还是学会了开电视机，我只能偷偷关掉总闸，葡萄却还一直细心研究，月亮说："没反应你不知道啊，电视坏掉了你不知道啊？"一副好嫌弃她的表情。

她们两人特别享受幸福感，我一回来她们就会拥抱我，询问我去哪了，怎么不在家，然后又自问自答说妈妈店里有事，有客人什么的，再特别开心地跑去告诉她们的婆婆："我妈妈回来了。"

有一天她们班的小同学来家里玩，她们因病太久没上幼儿园所以看到同学表现得特别亲切，异常兴奋，懂得热情地招呼，拿出她们好吃的好玩的跟人分享，还特意跑到房间跟她爸爸介绍："爸爸，我同学来了，你去看一下撒。"

有一次吵架，葡萄警告月亮："你点我干什么，你打我脸干什么？"月亮此时还在嘚瑟，没想葡萄一个巴掌就扇过去，说："我才不管你了，你这个小坏蛋蛋蛋，你这个表仔。"月亮当时就懵了，哭着躲在我身后，指使我要我去抓住她妹妹的手。

她们终于懂得使用石头剪子布来解决问题了，但月亮总是愿赌不服输耍无赖，倒是本身爱娇情的葡萄总会在很多时候表现得大度，比如上车顺序，她总是会退后一步说让姐姐先上，然后就是月亮猜输了，便接二连三地要求再来一次，她也会依她。

2014来了，宝贝有秘密了

节日，纪念日……统统都成了省略号。忙碌和惰性终究抵不过那一念之差，最近还沉浸在《最美的时光》的剧情里，久久不能自拔。空间、手机音乐一直单曲重复它的主题曲、插曲。我这是干什么呢？是想证明心存幻想就能掩盖我已年过三十的事实了吗？可是，2014，它还是来了……

连葡萄都会跟我说："亲爱的，你别走。"我很诧异，问她哪学来的？她说："是爸爸教我的。"上周拼命做美食给她们补身子（之前病太久了），葡萄还说："嗯，这个味道真不错。"我再次被雷倒，又问谁教的？她依然说："爸爸教我的。"

我想将来月亮会更贴心于我，她太会察言观色。知道我喜，她便知道可以嘚瑟；知道我怒，便懂得乖巧；我声音放大，她则不安地抱着我，一直哭，很委屈地哭，哭到我被软化，安抚了她，看到我笑了，她才破涕，才松手踏实离开。而葡萄，完全无视我的教训。

月亮也会因为我看到葡萄的可爱而笑了的时候，就努力学葡萄挤眉弄眼逗我开心。她们在被窝里，窃窃私语，月亮说："妹妹，你是我的小贝比。"葡萄说："我要妈妈。"月亮说："我就是妈妈啊，我来抱你。"我轻轻掀开一点被角，问："你们在聊什么呢？"月亮说："我们在说悄悄话，你不要听。"呵呵，小姐妹开始有自己的秘密了呢。

我给葡萄下载一些新游戏，她开始很有耐心，后来就不行了，埋怨我说："你叫了我等，又叫我等。"

　　葡萄会表演，会模仿的天赋超乎我的想象，还有她身体的协调能力，当然，还有镜头感。当她听到"咔嚓"声一响，立马就能换个造型给我，乐此不彼，不重复，花样多。我要由衷地说一句，那小样儿，真美。

　　我在视频监控里，看到园内总不停地有小朋友过生日，他们围成一圈等着分享蛋糕，当然，我似乎也看到月亮和葡萄的渴望，她们一定在想，在疑惑，为什么我们就没有呢？所以每次吃了蛋糕那天放学，她们都会告诉我："妈妈，今天谁谁谁过生日哦。"于是我也说了一次又一次："等你们过生日的时候，妈妈也会买蛋糕给你们送到学校去，好吗？"这时她们就会特别开心，特别幸福，特别期待的样子，叮嘱了我一次又一次："妈妈，要买一个大一点的哦，我们是两个人。"

月亮带给我的感动

我其实也常常回眸那些我记录的过往，从最近的日期往前翻，她们厚厚的衣服慢慢变薄，长长的头发越变越短，个子越变越小……我可能还会品味自己曾经用键盘敲打下来的每一段话，每一个字。去重温它们怎样踏着我的心路而来，那些个中滋味，常常润湿了自己的眼眶……那种感动夹杂着许多痛楚和心酸，所以，我只能时而由衷地苦笑，时而虚伪地伤神。什么时候，我开始隐藏得那么深？

有一天，我哭了。就是眼眶盈满了泪水，然后毫无保留地在她们面前顺着脸颊滑下来，没有抽泣，没有言语。她们在商量，葡萄说："姐姐，妈妈眼泪流出来了，怎么办呢？"月亮说："那我们帮她擦掉吧，再抱一下她。"然后她们就照做了，于是接下来的一天，她们都很乖，没有闹腾，也没有很多的话。到了晚上，我给她们换洗，月亮问："妈妈，你为什么生气呢？"我说："妈妈心情不好。"她问："为什么心情不好呢？"我说："妈妈和爸爸吵架了。"她说："哦，那怎么办呢？我爱爸爸，也很爱妈妈，也很爱妹妹，我们是一家人。你笑一个好不好？"

第二天，月亮就唱了："爸爸妈妈都爱我，可我就是搞不懂，爱是什么？"

第三天，我抱着月亮洗头，我跟她说："宝贝，你再长大些妈妈就抱不动你了。"她说："那我就自己洗，这样妈妈就不累了。"

月亮，因为你，妈妈又多哭了好几次。

两个贴心小棉袄

　　月亮连续要求了我两天要多蒸一个鸡蛋，指定分享给她的同学周盛阳。我开始不知为何，后来想起她这两天放学后都从兜里掏出一颗糖，告诉我是周盛阳给她的，我方才明白原来月亮这么小就懂得礼尚往来的道理。后来我一次蒸了十几个鸡蛋，让她们带到学校，亲自发给她们班里所有的孩子，让她们从小就体会分享的乐趣。

　　有一天我胃痛得脸都白了，趴在沙发上动弹不得。当时她们正在玩耍，葡萄首先发现了我的不对劲，接着就上演了一系列温馨、感动的孝母画面。葡萄问我："妈妈你怎么了，生病了吗？要不要去唐医生那里啊？"月亮听见也凑过来问："妈妈你好痛啊？"我无力地"嗯"了一声，她关切地询问："哪痛啊？"我说"胃"，她听不懂就说："心痛啊，我摸摸吧。"然后就一个摸我的心，一个吹我的手背，边说："不痛了吧？"后来月亮就要求我坐起来，她说我这样趴着她好心疼，我想她的意思是看我这样很不安，只有坐起来她才觉得放心。我只好勉强撑起身体，她又要求我笑一个，于是我在扭曲的脸上挂上一丝笑容，她们突然好开心地鼓掌，说："妈妈好了，妈妈好了，妈妈没事。"隔了一会儿我做呕吐状，葡萄马上就拎来垃圾桶，让我吐在那儿，还知道拿来纸巾，我想接过来，她不同意非要亲自给我擦，两个人一直摸着我的背，问我"还吐吗"之类的，月亮还拿来一包她们的药，非要我吃了，我说不要，她又拿来面包硬塞进我嘴里，告诉我吃了就不痛了。后来她爸端来一杯糖水，葡萄抢着喂我，根本不让我碰杯子，就像我喂她们时一样。我移步进房间躺着，葡萄还拎着垃圾桶跟着，交代我要吐就告诉她，我怕脏就让她放地上，她不同意，一定要端在手里看着我恶心。月亮则不停地从客厅搬来各种玩具塞进我怀里，不停地安慰我说这样就不痛了。她们彼此还商量着，葡萄说："姐姐你去拿玩具，关起门来，我守着妈妈。"月亮"哦"了一声，咚咚咚跑出去跑进来，忙得不可开交。平复了一些后她爸安排她们到客厅看动画片儿，让我到房间休息，但她们仍然不忘时不时地跑进来看看我摸摸我……我两件贴心的小棉袄，知道妈妈心里有多幸福吗？

月亮收拾玩具的时候埋怨葡萄："你老是不帮忙，想累死姐姐啊。"

我因为生葡萄的气，月亮也连带受责，我咆哮："不知道怎么生出你这样一个臭妹妹。"她回我："那你把她塞回肚子里去啊，关我什么事，哼。"

碰到幼儿园早上有肉饼汤的时候，月亮都把碗端到葡萄面前，说："来来来，把你的肉肉都给我吃，反正你也不吃。"

妈妈，我们好像姐妹啊

葡萄长得越来越水灵了，她自己好像也知道，很贪恋地看着所有能反光照射出来的自己。她跟我说："妈妈，我是漂亮的小美女，月亮是老姐。"她也常常用欣赏的眼光看我，然后说："妈妈，你这样好漂亮。"有一天给她吹完头发，她自个儿戴上我的头箍，然后特别满意这造型，非要正给月亮洗澡的我把她拍下来，然后不停地变换姿式。她很正经地问我："妈妈，我不穿裙子怎么也这么漂亮呢？"由此可见，我到了要培养她审美的阶段了。

月亮有很强的一家人的概念，也很在意及享受一家人带给她的幸福感和温暖。有时候我们会一家人坐在大床上看电视，她就特别——要用很特别来形容她表示幸福的夸张样子。她会依次地、不停地亲吻孩儿她爸、她妹妹，还有我，然后再依次念叨一遍："我好爱爸爸，我好爱妈妈，好爱妹妹。"最后总结，"我们一家人好开心呀。"隔不了一会儿又重复刚才做过的所有动作，扰得大家根本无法安心看电视。

慢慢地，我就觉得这样的月亮变得敏感了，情感上很容易受伤。这些天孩儿她爸出差了，她变得心情很糟糕，总是做一些无理取闹的事情表达她内心的不安。比如睡前要我说很多遍"爸爸妈妈爱你们，晚安"，还要亲很多次脸颊才依依不舍地放我走，隔不了一会儿她又在房间大叫，我进去后便拖着我的手，嚷着要跟我一起睡。有一次我跟

152

她说如果抱她和妈妈睡了，妹妹知道了肯定不让，便让她先睡，不行就等妹妹睡着了我再抱她跟我睡。我以为哄哄她晚点就会睡着了，没想到夜里快十一点了她都还没入眠，真的一直在等我兑现诺言。于是我只能要求她晚上不能乱动，蹬被子什么的，没想到她竟表现出一夜从未有过的乖巧，我突然心里特别愧疚，从出生到现在我都没怎么带她们睡过，她们心里得多渴望和妈妈睡一张床，可多少次都被我拒绝了。后来我问月亮为什么这些天总爱哭呢？她说："爸爸不在家，我就不开心，我们两个就好伤心。"

也就是在最近，我才发现她们开始依恋爸爸了。她们有自己表达想念爸爸的方式，让我很惊讶。我总是会听到葡萄叫月亮"爸爸"，然后月亮就扮演爸爸的角色做一些孩儿她爸在家经常会做的动作，葡萄假装撒娇假装哭，月亮就会说："怎么了怎么了，没事，爸爸在爸爸在，我来帮你好不好？"喂药的时候，葡萄会说："我要爸爸看着，要爸爸看着。"然后月亮就说："好，爸爸来了，仔仔乖，这是菠萝味的，不苦啊。"看着她们配合默契的表演，我表示无语。她们现在会说的、懂的东西日益见长……

昨天午休的时候月亮突然咳得几乎要失声了一样，脸被烧得通红，同时也吵醒了正熟睡的葡萄。我用最快的速度把她抱起来穿好衣服准备上医院，葡萄揉着眼睛，睡眼惺忪地问我："妈妈，你带姐姐去医院，我一个人怎么办呢？"我反问她，是啊，怎么办呢？她说："那我一个人在家看电视吧，我会很乖的。"我当时特别崩溃无助，但在她们面前我永远都表现坚强乐观的样子，我告诉她们没事的，妈妈会有办法的，然后她们就真的很安静，到了医院葡萄还不停地安慰月亮："姐姐，没事的，我坐在旁边陪你，你看我打了针都好了。"

回来后我跟月亮说："宝贝，过来安慰一下妈妈，妈妈觉得很孤单。"她居然回了我一句："爸爸回来了你就不孤单了。"隔了一会儿她又来厨房找我，我问她什么事，她说："你刚才不是说好孤单吗？我来陪你呀。"月亮心里现在真的会放心事了，也是真的懂得体贴温暖我。我们一起相依偎一起玩自拍，月亮还说："妈妈，我们好像姐妹啊。"

月亮只要一看见我生气就摇头摆尾扭屁股，还总是伸出舌头舔我，我笑她跟小狗一样，她便故意恶作剧地汪汪汪叫几声，要求我："你叫我啊，叫我可爱的小狗狗。"我问她为什么要这样，她边扭边气喘吁吁地说："这样你就不生气啊，因为很可爱啊。"她可能自我意识也知道自己的样子滑稽至极，可以逗我开怀大笑。不过，真的很可爱，很搞笑，宝贝，谢谢你们让妈妈这么温暖幸福。

三八妇女节那天，月亮说："妈妈，我没有钱，送你一个吻。"葡萄则说："妈妈，我送你一个爱心。"

各有各的审美了

上上周带她们去动物园，一人骑了一辆滑板车，她们自从看到了吹泡泡的玩具后就再也没心思看海豚表演，连一直自称是朋友的老虎和狮子也无暇顾及，眼里、心里、嘴巴里念的全是泡泡。到家我把她们关在阳台上，拿了两块肥皂，两个盆，两件衣服，任由她们在泡沫里凌乱。半夜月亮哭醒："呜呜呜，这里有动物，咬了我的下巴，还咬了我的手手，妈妈你快把它打死去啊。"隔了一会儿又叫喊我，说要小毛驴，我就把她们的玩具木马拿来，她居然知道，大哭着说："不是这个，是那个黄色橡皮驴。"我狂晕，你到底是醒的还是梦呓啊，总是在梦里想到什么就要求我给她什么。

最近她们还很自然地称呼起彼此的英文名来，比如葡萄叫："Emma，帮我拿个凳子来。"然后月亮会说："哦，好的，果类屁（葡萄的英文名原本是 Grace，格蕾丝的意思，但月亮说不准）。"这时葡萄就非常计较和生气，大声说："不是果类屁，是果类屎。"我在一边都快笑喷了。然后葡萄就会骂："你这个臭 Pig。"月亮哭着跟我告状，说妹妹叫她臭 Pig，我问她知道什么意思吗？她说不知道。哈哈，吵架都吵得那么洋气。我情何以堪。

我去出差，葡萄先坐在茶几上落寞地说："妈妈，你走了我们就好可怜。"月亮说："不是有我陪你吗？还有爸爸呀。"然后他们爷仨送我到火车站,路上我絮絮叨叨,月亮说:"我知道了,你放心我会看好妹妹。"葡萄也说:"我会很乖的,你要走就走吧。"

葡萄的臭美篇

孩儿她爸给葡萄剪刘海，她很担心地强调："你不要剪掉我的刘海哦，会好丑耶。"真是什么都知道。

我出差回来给她们买了夏天的裙子，葡萄非要穿去学校，我只能里外加衣裳，她也知道不好看，死活不同意跟我闹别扭。后来没办法就随她去，她也懂得把裙摆掀起一些就叫飘逸，裙子上还有两根飘带，老师在每周的家园联系册上写：葡萄飘带松了会要求老师系好，而且一定要系成蝴蝶节才满意地转身。

还有一直纠结要不要给她们续长发，葡萄为了漂亮，无条件同意早起梳辫子，配合洗头，她说长发好看。月亮乱搞让我把所有的发卡卡在她头上，葡萄说："你不要卡这么多，太花了不好看。"我晕，是知道审美的节奏吗？

然后给她们买的帽子，放学回来，风好大把葡萄的帽子吹飞了，她又恼又气，急得直哭。在亭子里的凳子上练平衡走线，经过柱子时碰到帽沿，眼看又要掉了，我跟她说拿下来帮她保管，她拒绝，小心翼翼地把歪了的帽子扶正，然后还摆造型让我拍照。

慢慢地让她们自己做事，刷牙，洗手，上厕所，简单地脱穿衣服，鞋袜，摆放归置属于她们自己的物品。有一天月亮看到饭桌上一片狼藉，问我怎么回事，我马上说："对不起，妈妈错了，没有及时收拾，下次一定改哈。"然后立马行动，月亮就说了："就是啊，到处都乱七八糟，你看我都会把自己的玩具收拾好。"这是要开始互相监督了吗？

秩序感渐渐在她们身上体现出来，每天出门前月亮一定要把换下的鞋子摆放得整整齐齐，我问她为什么，她说："我摆好了妈妈就不辛苦了啊。"葡萄的先后概念更为严重，我开始很不能理解，于是常为了赶时间强行打乱她的顺序，还因为动怒而责备她。幸亏及时发现了自己错误的教育方法，正努力改变自己，要配合并建立她们这种好的行为习惯，这是最佳时期。

妈妈，你有两个宝贝很幸福吧

我不希望有一天，这些文字变成了"月志"。去年在三亚，姐姐在索桥上有一张笑得非常开怀的照片，是真正由内而外散发出的笑容，我存在手机里超过半个月之久，一直想着要发给她，提醒她，就应该天天像这般无忧自在，但是我的各种忙碌和忘记，让我没有去执行。我确实已经到了这种地步，一边享受着没有缝隙的每日／每周的事由安排，一边无奈地徘徊在疲劳崩溃的边缘。

五一回了赣州，母亲节的感动，她们会说出很多惊艳到你的词语……在过去，都会是我记录她们成长中重大事件的一部分，当然，这并不意味着我放弃，依然密密麻麻地手写在白纸上，凌乱不堪，那些纸张，在我的包里跟随我游离在工作室和家里的路上，拿出来，放进去，被揉得像腌菜干般憔悴，等我回头整理的时候，自己都不知道，都看不清写了些什么，费劲地挣扎。组织好这些文字之前，我要把几乎占满内存的照片全部导出，再拼图，上传。在工作室我无数次敲打好标语，准备着手的时候，总会有不期而遇的人或事出现，然后我保存草稿，回家在她们睡觉之后继续，但她们总捣乱，她们讲话，叫喊，躲猫猫，我假装生气折腾一番再回到电脑桌前，她们又像老鼠出洞，用脚捶床板来引起我注意，直到逼得我气急败坏。是的，要等她们足够大，才会知道，每当这个时候我都在做什么，是多么不想被打扰。

现在有两件事情困扰着我，但她们却是被我的一举一动潜移默化地影响着。一是我绝不会因为忙碌就不修边幅，她们学我涂口红，画指甲，拿化妆棉卸妆……二是培养出来所谓情商的一种，每天起床，入睡，送幼儿园等告别情感表达仪式，即依次亲吻，拥抱，说早安，晚安，我爱你们，再见。正常家庭一遍解决，但我多了两遍的工作量，完了她们还不放过，每次会要求很多遍，甚至没完没了，如果我没照做，她们会失眠，会待在幼儿园里患得患失。

葡萄很严肃地跟我说："妈妈，你不要吃辣椒。"我问为什么？她说："我要漂亮的妈妈，吃了辣椒就不漂亮了耶。"我说那就让爸爸找一个漂亮的妈妈呀，她坚决地说："不要，我就要这个漂亮指甲的妈妈。"我说："那很简单啊，找个会涂指甲的不就行了吗？"这时她急红了眼，终于表达清楚她想要的："不要，我就要这个叫黄雨轩的妈妈。"

葡萄拿来"爱派"跟我说："妈妈，我昨天拍了你玩电脑的照片耶。"我以为她乱说，就没怎么搭理她，然后她居然不死心地打开相册，拿到我面前一直晃，我瞟了一眼，真的一大片都是我的背影，当时好惊喜，因为没一张模糊掉的，角度都还不错。问她："你昨天怎么没跟我讲呢？"她说："这是一个秘密啊，我是不是很棒？"然后一副拽拽的样子扭头走了，有让我意犹未尽的架势。

我把那些破损了的毛绒玩具收拾出来，准备扔掉。让月亮和葡萄一一跟它们道别说拜拜。事后月亮很委屈地跟我说："妈妈，我好爱那个熊的。"说着说着就开始梨花带雨，腔调也变了。可怜的小样儿惹得我差点就回去垃圾桶捡回来了。于是我趁机教育她们从此要好好爱惜玩具，不然都会被我统统扔掉。

我润物细无声的教育让月亮学会了尊重，做出了让别人选择的尊重。凡事都会列举两三种供人参考，比如她会问，"妈妈，我们是开车去，还是走路去呢？还是骑滑板车去呢？""妹妹，你是要听狐狸和仙鹤的故事，还是小白兔上当的呢？"早上她先起来，我让她刷牙的时候，她还会告诉我要把水量放小一些，说哗哗的水声会吵醒妹妹。我问她为什么那么爱妹妹，她说："她是我的小宝贝啊，她会哭耶。"

去超市买了些吃的回来，月亮跟我说："妈妈，明天我要带一些肉松饼去学校，和小朋友们分享。"我说："学校不让带零食呢。"（首先这事实，其次是我每次都是定时定量给予她们零食，所以只买了六个）但她坚持说就要分享，我只能老实说："妈妈买得不够多呢。"然后她很瞧不起我的样子哼唧我："那你怎么不多买点呢，就我和妹妹两个人吃吗？"显得我多小气似的，后来我答应第二天会蒸十几个鸡蛋让她带去，方才替自己解了围。

给她们买了熊猫图案的短袖套装，非常喜欢。天天嚷嚷着要穿，那时天气还不算热，我只能一次次以太阳公公还没出来的借口拖延。结果太阳出来了但温度依然不高，她们就非常郁闷地责怪我："妈妈，你不是说太阳公公出来就给我们穿，你看他每天都出来，你怎么还不给我穿熊猫呢？"

五一临时决定回了趟娘家，也许因为造型的缘故，她们在火车站引起了较大的风波，好多人举起手机，有偷拍的，明拍的，议论的……最多的一句话就是："哇，你看你看，双胞胎耶，好漂亮啊，快快快，给我拍一张。"站台上有刚下车的，准备离开的，驻足停留围观的程度差点引起重度交通堵塞，我在享受了一把"大牌驾到"后，真的捏了把汗，后悔起这种高调来，想跟人们说一句："别拍了，赶快回家或者赶火车去吧。"上了火车后，她们显然还沉浸在这种明星似的光环里，都不肯拿掉帽子眼镜，来回穿梭在左右两节车厢中……

　　她们对我娘家的感情可以说是非常深厚的，迷恋她们的表哥，亲昵她们的米米妈妈、外公外婆，融入我打小生长的农村环境，享受彻夜蝉鸣，鸡飞狗跳的乐趣……我带着一家人去看长年住在水上的大伯，他划着他的小木船从河的那头到对岸接我们，我们小心翼翼地依次上船，月亮葡萄没有孩儿般的欢腾，而是谨慎起来，她们向来知道什么是不能开玩笑的。大伯悠然坐在船头，翘起二郎腿，叼着一支香烟，背微驼，但神情仿佛到了不食人间烟火的境界。想起早些年堂弟也在大伯旁边搭了一所木房子，他划了一艘破船来接我，上去后他首先跟我交代了三个注意事项：一是他的船是破的，有两个一大一小的洞正在渗水，要注意安全；二是渗水的旁边有把水勺，我要负责不停地往外舀水；三是遵照以上两点。然后他就双手摇桨，带着我乘风破浪了。我到现在还对他的幽默记忆犹新，写到这，我已经笑到不行。然而这次我们依旧乘坐木船，大伯却由

162

手动划桨改为柴油发动机，只要一手掌舵就可以轻松向前了，只能说，当今社会，哪哪都在进步。小船推开水面上一朵一朵的浮萍，碧波荡漾，还有不知从何处漂来的玻璃瓶，以及停留在水面片刻就惊飞的鸬鹚……偶尔会有艘快艇驶过，它的强劲带动水浪给我们一个小小的冲击，波动得我们摇摇晃晃，每当这时，孩子们就欢呼。是的，能让她们看到这些，的确是种幸福，溢于言表的幸福。

没想到葡萄还能跟大伯亲近起来，她愿意让他在她手上画手表，愿意让他抱。大伯母做的各种鱼让我们吃到撑了，美味至极。为了安全，我们开始把孩子们关在"室内"，四周围起，她们有些闷闷不乐，开始有点不知道为什么要来这样的地方。于是我一个一个轮流牵她们到竹排上看水下的鱼儿，她们不约而同地指着挂在屋檐下的渔网说那是"裙子"。她们摆着各种造型让我拍下来，忽然有一只蜻蜓出现，月亮好奇地问我："妈妈，这是什么？"我告诉她："是蜻蜓。"她问："它在干什么呢？"本身能让她们看到这些我就已经觉得特别幸福和难得，我轻轻地告诉她："它在点水啊。"午饭后，月亮跟我说："妈妈，你带我去看蜻蜓点水好吗？"我被惊艳到了，她会自己组织语言了，因为我并没有把这个成语告诉她，我只是分开说的，可她居然能那么诗情画意地说出来。

从水上返回的时候，葡萄的帽子被风吹走了，我第一时间注意到月亮马上用手压住她自己头上的那顶。粉色的帽子飘进了水里，我当时想着，完了，肯定捡不回来了，葡萄在一边急着就要哭，喊着："我的帽几，我的帽几。"

这时大伯真的好淡定，他甚至在调过船头，追上帽子，弯下腰伸手捡起的时候，连二郎腿都没放下过，依然翘着。

短短的五天四夜，在一大帮亲朋好友的相拥下，我们离开了，一切都是那么弥足珍贵。

回到南昌后，葡萄学会了一件事，骂人。当然，她也许知道，也许不知道那是骂人的意思。但那两个字通常运用得好的话，也可以理解成"宝贝"。每天睡前给她们泡牛奶，她们都像嗷嗷待哺的小动物一样，兴奋得不行。一般趁她们这个奶瘾发作的时候，你提任何要求她们都会答应，比如学狗刨啊，大猩猩捶胸顿足啊什么的。那天我就让她们唱一遍仔仔（姐的儿子）教她们的《小红花》，（那是一首仔仔满口赣普音的歌，她们学来后用她爸的话说，五个音有七个不在调上，但只要想起仔仔唱的时候，她们学会了再唱给我听的时候，我就被这种滑稽可爱笑到胃抽筋）在合唱完第一段后，月亮为了赶紧喝上奶，就省略了歌词"我爱党，党爱我"，直接敷衍跳到了"我就是党的一朵小红花"。这时葡萄大叫起来，跺着脚说："不是这样唱的，不是这样唱的。"一般这种情况她只会是大哭大闹一场，但她这次突然气急败坏地一屁股坐在被子上，两手搭住膝盖，又重复了几遍"不是这样唱的"，之后便爆出"表贼"两个字的粗口。我一手摇晃一瓶的奶停在半空，月亮也被她的声音震得一愣一愣的，我恍过神后狂笑不止，笑到不能自己的那种，然后集体哄笑。可能我笑得前仰后翻的样子对她们来说有些夸张，她们开始有点被吓到了，从跟着我咯咯笑到皮笑肉不笑，再到彻底停住笑声，到最后急得哭起来乞求我："妈妈，你怎么了啊，你不要笑了，不要笑了。"我想，那个时候她们一定以为我疯了，得神经病了。平复之后我严厉教育葡萄，从此她没再说过。

母亲节那天，我在她们的书包里发现两张剪纸花朵，月亮主动告诉我："咦，这是幼儿园的耶。"我正色问她："你怎么会把幼儿园的东西带回来？老师知道吗？"她说："不知道，是风吹来的呢！"然后就把画了她们手印的画送给我，说："妈妈，母亲节快乐，我送你一个吻。"把我迷得团团转，她到底什么时候学会了绕开话题、转移视线的本事？她还跟我提到"感染""孤单""阵形"等词，我问她哪学的，她总是故作神秘："我偷偷学的啊。"

在工作的时候从监控看到月亮蔫蔫地坐在一角，电话铃声响起，老师告知我月亮发烧了。比起过去，在处理她们身体状况的事情上，我淡定从容了很多。平常她们咳嗽一声跟我"索药"，我也镇静地跟她们讲，流点鼻涕、咳嗽几声，又不流血的有什么要紧呢？三岁了,该学会坚强了。我跟老师说："没事，给她贴上退烧贴，多喝水，我忙完就来。"在她们放学前一个小时我去了学校，觉得月亮样子还算精神，所以就以"助教"的名义陪着她们坚持到下课，那是一次很有意义的体验，她们嫉妒并拒绝别的小朋友和我亲近，接受我此刻是老师而又不愿意忘记我是她们的妈妈，她们既骄傲我的存在又防备着别人会占有她们的妈妈。

我把讲故事的环节慢慢地推到月亮身上，她很受用这招。于是她每天都会跟葡萄说："妹妹，过来听故事了。"然后葡萄就完全以倾听者的姿态往月亮后面一步坐下，小脑袋探过去，表情专注认真，眼睛随着月亮的手指转动。月亮一般都是看图说话，我认为，讲得真的非常棒。她念道："你看，有一只狐狸跑过来了，那是一只捣蛋鬼狐狸，它就在那树底下，咦，还有一只蝴蝶呢，它开心地飞啊飞，飞走了，妹妹，是不是很好听啊？"葡萄配合地猛点头称是。宝贝，是真的很好听，因为妈妈也总是愿意停下脚步和手中的活儿，来听你讲故事。

　　每天放学后，陪孩子们在花园里玩儿跷跷板，滑滑梯，已成了一种规律。抬起头，发现最近这座城市总能出现清澈的蓝空。不知道是不是心情变得明朗起来，逐渐有了发掘生活美学的能力。飞机划过蓝色的天幕，留下一道长长的云际线，从粗到细，从深到浅，直到消失。我坐在斜阳浅照的长椅上，看着天真无忧的月亮和葡萄，心里装下满满的幸福，然后牵着她们回家。她们常常凝视由内而外散发出甜蜜微笑的我，问："妈妈，你有两个宝贝很幸福吧？"眼里，全是对我的迷恋和依赖，是的，妈妈很幸福。

感伤与感恩

我一手筹备的 MISS QUEEN 服装工作室一周年酒会，总算圆满落幕了，回想这一路走来，从精神抖擞到元气大伤，只想到一点，过了三十，我算是真正到了拼搏的年纪了吗？

提到这场酒会，我要说的怎会是只言片语？太多的心酸和感动。酒会的前一周，6 月 22 日晚上，我带着月亮、葡萄去超市采购酒会用品，月亮在我没看护好的情况下，从手推车里后脑勺着地，悬空摔下来，头部右枕骨折，并伴有积气阴影。其实写到这儿，或者说并不想写下这段，但我还是要承担看护上疏忽了的责任，我的每一篇文章，将来都要交还于她们，所以我必须也一定会让她们知道她们的成长过程中都发生过什么。

我当时撒掉手上所有的东西，跪在地上抱起大哭的月亮，可慢慢地她不啜泣了，她只无力地说了句："妈妈，我头好晕。"我把她带到儿童医院，就诊，拍片，入院，她就这样晕睡了一天两夜……我脑子一片空白，心碎了一地。她只要醒着的那会儿，就一直跟我说："妈妈，我要回家。"不然就是看着左右两旁都用纱布包着头的小孩惶恐不安……第二天爸爸就从老家赶来了，给她带了很多礼物，也给我带来了力量……被迫分开的小姐俩，月亮会说："妈妈，我要妹妹来看我。"葡萄会说："妈妈，我要去看姐姐。"第三天，月亮再次拍片，积气阴影散去，精神各方面都恢复正常，一早我便一边抱着她一边楼上楼下跑，办理出院手续、医保手续，很累，但想着只要她好了，我就充满能量。其实想想，要不是妈妈在家帮我安顿葡萄，我一定会崩溃；要不是爸爸给我打气，我一定会崩溃；要不是这么多朋友来看月亮，来安慰和支持我，我一定会崩溃……

月亮25号出院，酒会在27号晚上。其实月亮摔到那天，我就想着我筹备已久的酒会一定会告吹了，因为邀请函已经发出去大半。但我们做到了。这场酒会是我和奇葩社的姐妹一手搭建起来的舞台，我们自编自导自演，从硬件设备到每一个节目，都无可挑剔，我们做到了让大家认识或者重新认识了我们。这一场经历，对我们每一个人来说无疑是珍贵的，是这一辈子都可以拿出来回忆的美好。

酒会结束后我们有一个简单的庆功宵夜，因为太累，我醉了，倒在酒会场地睡了一夜，直到凌晨四点家人找到我。在这要特别说一下我的姐姐，她从头天我酒会开始前半小时才下火车，我知道，说是让她来玩，其实每次都是她帮我来收拾摊子，跟我一起撤走设备，搞卫生，整理……

我不想再叙述为了这场酒会所付出的辛酸与泪水，只有感恩，感恩从演出人员，到工作人员，到参与了我酒会的每一位嘉宾。因为缺少了任何一个环节，酒会都不能圆满结束，谢谢大家。

6月29号，我带着大小宝贝驱车6小时回赣州了，在姐姐家住了一晚第二天才回到生我养我的妈妈家。看着妈妈种的瓜果蔬菜，呼吸着山里的新鲜空气，家人都知道我的疲惫，就让我好好躺着。于是我就这样待在山里，看着月亮葡萄跟堂弟他们的小孩撒欢,看他们跑上跑下斗蛐蛐,好好静养了几天。妈妈预备要帮我带孩子们过完暑假再送回南昌,但我心里想着是不能让妈劳累太久,也想着不能让月亮葡萄玩野了,更想着不能让自己放松太久,因为等接回她们来的那天起,我们彼此一定还要花一段时间去适应。

我离开妈妈家那天,月亮葡萄很洒脱地跟我再见,说想我就会跟我视频打电话,但事实就是她们欢得根本不记得找我。我在赣州住了两晚,这两日我特地好好地跟姐姐待了一天,因为每次回去都光顾得陪朋友去了,姐姐那就成了我最后回去落脚的地方,特别内疚,姐姐对我流露的全是心疼,她带我去逛街,要买东西给我,知道我喜欢手表,没有任何考虑就送我了。我知道,我欣然接受她和爸妈给我的爱,他们就觉得够了。姐姐的儿子仔仔长大了好多,他躺在我身上我才想起我多久都没好好抱他了,比起过去我对他满满的爱,到现在因为各种原因的疏离,一阵心酸。宝贝儿,姨姨老妈每每想起骑电动车带你去买菜,去办事,车就要没电你为我加油的情景……就会心暖又心痛。

离开赣州之前夜里打电话,月亮跟我说:"妈妈,我看到好多月亮啊,哈哈好多月亮。"我能感受到她觉得神奇的样子,妈妈说她跑到屋子前后发现抬头都能看见月亮。倒是葡萄,很懂事地问我:"妈妈,你到南昌了吗?"

看她们真的特别开心,总算放下些不安,7月5号,我一个人开车回到了南昌,没回家,直接去了熊妈妈那儿,召集所有姐妹,吃饭,泡酒吧,又过了半夜,才拖着行李疲惫不堪地进了家门。早上醒来，家里出奇地安静，没有来回小跑的脚步声，没有大喊大叫的稚嫩声，没有人来叫我起床，叫我不要睡懒觉了，我走到她们的房间，在妈妈收拾得空空如也的上下铺上躺了下来，就这样睡了一整天……

对家的依恋

　　实在很有必要用文字记录孩子的成长点滴，因为每当我回望过去的日志，发现，脑子记忆根本没有存档，时间越久，越没有印象，对写下过的情景，不禁感叹一声："啊，还发生过这么有趣的事情吗？"

　　这个月初我去把她们从妈妈家接回来。到的当天晚上已经十点多了，我摸着她们熟睡的脸，好生心疼，此前我已经一个多月没见到她们了。妈妈说她们等了我好久，一直说："妈妈怎么还没到呢？"

　　葡萄被我亲吻醒了，好欣喜又好委屈的样子。天未亮，月亮也感觉到我躺在她身边了，蹭地起来狂扭屁股来表示她知道我来了是多么地开心。然后接下来这两天，她们没再让我离开她们的视线半步，晚上睡觉也是一人各怀抱我一条腿，让我足足地过了把被需要的瘾。

　　她们晒黑了，很黑。月亮横向发展了，葡萄依然高她二公分。呵呵，妈妈把她们养得真好，还有看到姐姐发来爸爸给她们吹发的视频，温馨的画面感好强。我给她们洗澡，窝在我怀里，我左手托着她们的头，右手开始抚摸发际线，脸对着脸。她们说："妈妈，我们等了你好久啊，你终于给我们洗香香了，好幸福呀。"呵呵，我总是忘了那一头泡泡，俯身亲不够。

　　接着就不停地提醒我回南昌，要回家，说很想家了，很想她们的爸爸了，然后想起，爸爸怎么没来呢？我告诉她们爸爸要上班，没有时间，但是会在火车站接我们，于是从那刻起，她们就开始了期待。

我问她们还去不去外婆家了，她们马上说："不去了，要回南昌。"但马上反应有失礼节，便说道："去，以后再去吧。"意思就是，总之最近是不能再去了，得赶紧回家。

进赣州火车站的时候，月亮说："妈妈，为什么我们要坐火车啊，怎么你不开车呢？"我说："妈妈一个人开车，带你们俩实在不放心，所以还是坐火车吧。"她说："不要嘛，坐火车好慢，我要你开车，就好快，我也不会晕车。"呵呵，你是有多归心似箭呢？

进了站台，月亮在茫茫人海里搜寻着一个身影，我问她："找什么呢？"她说："爸爸呢，你不是说爸爸会在火车站接我们吗？"呵呵，我说："宝贝，我们还没离开赣州呢，爸爸得在南昌的火车站接你呀。"她似懂非懂地领悟了。

坐上火车，她们好像终于安心，确定是要回去了，确定我没有再把她们留下，而是带在身边了。她们踱步在车厢里嘀瑟了一会便一觉睡到了下午四点。

火车晚点，她们好像也感觉到了这漫长又无方向感的前行，葡萄背着小书包，站在窗前，落寞的地说："妈妈，怎么那么远啊，怎么还没到啊。"月亮跟着起哄："就是啊，妈妈，妈妈我要下车，我要下车。"

火车终于停在南昌站，在车厢门口看到了她们日思夜想的爸爸，左拥右抱地走了，剩下我一个拖着行李在人群中穿梭，突然看到两个高出大人的小脑袋回望，喊着："妈妈，妈妈呢，等等妈妈。"。

到了家里，她们就很仪式地亲亲客厅沙发，我房间的大床，还有她们自己的上下铺，也没忘了到阳台上转转，这点跟我小时候真像，每次离开家，去镇里读书，都会偷偷在屋檐下的白墙上留下一吻。

我都不知道，她们对家的概念那么深。我问她们第二天是要出去玩一下还是去幼儿园接着上学，她们都不同意，一致决定就待在家里，我说待在家干吗呢？她们说："就玩玩具就可以了。"果然，她们就在家玩了一整天的玩具。

第三天，我就把她们送去上学了。很庆幸她们并没因为待在妈妈家而改掉一些良好的生活习惯，依然按过去的作息时间吃喝拉撒睡，依然快乐地走向幼儿园，依然甜蜜洒脱地跟我说再见，说我们爱你。不乱扔垃圾，也没有随地大小便，仿佛从来就没有换过环境生活，她们让我看到家带给她们的安宁。

不过，她们更粘人了。同意我像过去一样不哄着入睡，但是得在睡着之后陪她们，要一睁眼就能看见我。于是耍猴似的，让我在上下铺之间来回折腾，多陪了任谁半分钟，另一个都会真流下眼泪委屈地说："妈妈，我都等了你好久，好久了。"

接下来就发现她们语言能力飞速成长。葡萄建议我涂粉红色指甲，我告诉她妈妈老了不适合涂粉红色指甲，她说："妈妈不老，一点也不老，我的妈妈还是那么漂亮，好美丽，就像蝴碟一样美丽。"啊，这话比我人美。

然后月亮看我穿破洞牛仔裤，很难过。问我为什么要穿这个？我跟她开玩笑说："妈妈没钱啊，只能穿破裤子

173

呢。"她表情更难过了，以为她会说出心疼我的话，没想到她正色道："你不要穿这个裤子了，好恶心。"呵呵，我该怎么跟你解释这个破洞的水洗牛仔裤，其实是个时尚的玩意呢？

哦，对了，她们最近总说"玩意""而且""搞定"这些词。

葡萄早上刷牙的时候跟我说："妈妈，我做了一个梦，梦见了你，还有一个口哨飞了过来。"我相信这是真的。

孩子她爸催她们睡觉，话说得不是很温柔，葡萄便在背后跟月亮唧唧歪歪地讨论着，她爸跑过去说："葡萄干儿，你在说我什么坏话呢？"她马上机灵的回他："没有啊，我在说爸爸好帅啊。"

我去打针，让她们陪我去，车里她们很关切地问："妈妈，你怕疼吗？我好心疼呢？"我说："那怎么办？"她们说："我也不知道怎么办？啊，我想到了一个办法，妈妈就不疼了。"我问她们是什么？她们商量了一下回答我："就是给妈妈住一个大房子你就不疼了。"真有孝心和有思想啊，可是，妈妈只想天天有漂亮衣服穿就不疼了，呵呵。

最好的教养在路上——母女厦门行

我坐在车程五个小时的动车上，凛冽的冷气令我在短T恤上加了一件又一件外衣。抱着葡萄迷糊了一小会儿，醒来后她们就跟同行的哥哥观赏动画片，我开始除了准备要入住酒店深夜里"奋笔疾书"外，还干了一件事，就是先用纸笔草记下一路的趣事。

我跟她们说："我们又要去一个有海的地方，那里你们可以尽情玩免费的沙子，可以玩水，那个地方叫厦门。"如果可以，我希望一年最少带你们远行一次，就近苦旅（爬山）无数次，因为，最好的教养——在路上。

我想起刚带儿子从云南混了近二十天的熊妈妈，她说她希望丈夫不要觉得我们只是出去玩儿了，貌似打着"玩儿"的旗号是多么自在和放松。殊不知一个女人背着沉重的行李，还要照顾孩子的饮食起居，安全健康，遇到孩子有情绪，困累疲乏的时候，自己还得假装坚强，树立持之以恒的榜样，励志不轻易妥协，不气馁的精神，其实自己内心已经接近崩溃的边缘……而这个时候，我们凯旋归来，家人应该给予更多的关怀和理解，并且把棒接过去。呵呵，仙风道骨的熊妈妈，总是能在某些事上有更独到的见解。

入住酒店，月亮说："妈妈，这儿的床怎么跟医院的床一样啊？"呵呵，这就是她曾住院的经验之谈。洗好澡给她包裹上浴巾，她又说："妈妈，你还带了浴布啊。"呵呵，她首先觉得我真全能，然后她对一个她叫不全名字

175

的东西慢慢有了自己的语言。

葡萄拿酒店的铅笔和便签纸，告诉我她画了一个皇冠，我一看，真的耶，我都不知道她什么时候开始"绘画"了。明显，她们在这方面比我强很多，我至今连画只鸭子都画不好。

葡萄还问我："妈妈，这就是我们的家吗？"我笑笑，习惯性地告诉她们："是的，有妈妈在的地方，哪儿都是家，不管是恶劣还是优越的环境。"

我把写字台、化妆品、衣服都归置好，告诉她们我们会在这里生活几天，只是把物品换了一个地方安放，所以一切生活规律，作息都不会改变，不会被打乱和影响，要爱护环境，不乱丢乱放，要井然有序。我怎么做她们就怎么做，受到什么样的熏陶。所以，一切显得那么合谐，我根本不担心别人想都不敢想一个人怎么带两个孩子出来混的问题，因为她们那么配合我已经成为了一种习惯，很良好的习惯。

我们每天都睡到自然醒，然后到一楼吃自助早餐，起初她俩味口好像都不太好，后两天开始吃得多些，在外面反而不曾喂过，都自己解决，她们争着拎更重一点的书包。没想到这些天厦门气温非常炎热，于是减少了很多白天的活动，我带她们去南普陀喂鸽子，看游来游去的鱼，和爬在石板上暴晒的小乌龟。

第二天我约见了在厦门的唯一的朋友，我十几年的闺蜜，雪。月亮和葡萄的英文名就是她取的，而且，她的第一次，也是唯一的伴娘经历，就是给了我。呵呵，她嫁在厦门，生活得很好。她请我们吃饭，还盛情邀请我们去她家住，楼顶花园的植物，姐妹俩浇花洒水乐疯了。雪还带着我们去骑了一上午的自行车，累坏我了，不过，这是一次很特别又有意思的经历，因为想过等她们大些，我们就常去骑三座的自行车。

其实出发之前，月亮有轻微感冒，并且在到达这里的第二天葡萄也很快被感染到，我一直犹豫要不要带她们下水。但还是决定连续两个傍晚都带她们去海边了。月亮特别享受被海浪冲击的感觉，一直欢呼不已。我牵着葡萄只是轻轻地踏了一下浪花，她就被吓得不行，我一直鼓励她往前，她就是不肯再涉足，可怜兮兮地跟我说："妈妈，我还是去城堡吧，你陪我好不好？"她所谓的城堡就一堆沙子随便堆在一起，而且只有拳头那么高，我就想起月亮在家搭积木，特别有想法和创意，这点和本身更机灵的葡萄一点也不相符。

落日余晖，凉风习习，月亮和葡萄总是迟迟不肯离去，其实我又何尝想离去，但她们在这点上真的特别配合我，不耍赖，即便恋恋不舍，也仅仅是真的情感上的不舍，不会有情绪地嘟着小嘴离开。去逛小店也是，看着琳琅满目的东西，会跟我索要，但我告诉她们不能买的时候，她们就跟商品挥手说再见。

在海边我们捡到些海螺，月亮特别生气我拿海螺的姿势，原因是怕海螺里藏着的小螃蟹爬出来咬我，说咬到了我她就很心疼，她的表情严肃又认真，并且每一次都不忘提醒我。但当时我不明白她为什么一直坚持说海螺里有小

177

螃蟹，不太相信她的话，然后我就放在背包里帮她保管，昨天闻到一阵恶臭拿出来，原来海螺里真的有一只已经死了的小螃蟹，露出几只爪子……月亮的心情可能特别好，她在海里游泳的时候居然哼歌，一首《最炫民族风》，还说了句："这个世界真美丽。"最近她很爱使用美丽这个词，晚上她久久不能入睡，我问她为什么？她要么说："妈妈，你别写了好不好？"或者，"妈妈，你别玩手机了好不好？我要你陪，因为你很美丽，我要保护你，你一个人在那里好黑，我不放心。"一连串的，实在太过贴心，因为我总是待在一处昏暗的环境里埋头"写作"。

其实孩子很小，可以更好地开始在这种时候把握和培养她们的一些出行能力，比如自己收拾自己的物品，出门前怎样快速完成自己的洗漱，离开一个地方是不是检查了自己的随身物有没有记得拿走，人多车多的地方要怎样注意安全防范，懂不懂得和我分担一些东西……我们要了解每个孩子的性格特点，去尊重她们，不急不躁，就发现其实真的并没有想象得那么难。

回家当天晚上，月亮从梦里哭醒，一直喊着："妈妈，我不要你一个人去买西瓜，我不要你一个人去买西瓜。"我顺着她的话回应她，问她那妈妈要跟谁去呢？"跟爸爸去，我要你跟爸爸去。"

第二天我就让她们上学去了，我好像一直就这样，没有什么所谓的需要休息，因为本身我们一直就处在一种放松的状态，相反，回到家就更应该快速适应，并回归到原本的生活，玩就好好玩，上学就好好上学，我工作就得好好工作。

妈妈是旧娘子吗

九月一晃也要过去了。

她们俩每晚跟耍猴似的整我，一醒来发现我不在身边就开始鬼叫，上下铺虽只有三个阶梯，但总是三更半夜，爬上爬下照应她们在我晕乎乎的情况下，着实折腾不起。月亮从小就三百六十度的不文明睡姿，所以我一直安排她在下铺，想着万一掉下来也不至于太惨，但仍不放心，总会在她睡着后贱贱地去陪睡，导致她从此就赖上我了，觉得这是件理所当然的事。于是上铺的葡萄就自言自语起来："妈妈一天到晚都陪姐姐，那谁来陪我？"或者"姐姐你干吗要人陪啊，你看我不是没人陪啊，我都好可怜。"好吧，我于心不忍，半夜会主动上去陪陪葡萄。她总能感觉到我来了，于是跟我聊天，结果吵醒了月亮，她大叫，我哄好她，她仍不放心，不肯再睡，总问："你们在讲什么事情啊，在讲什么秘密啊？"或者跟我确认："妈妈，你等下会来陪我的，对吧？"葡萄马上就说了："不行，妈妈最爱我了。"剩下月亮一个人在底下敲床板抓狂。

有一天，送完她们离园的时候，月亮突然黏住我，抱着我的腿不肯松手，于是我跟老师借来纸和笔，给她画了一颗爱心，写上妈妈爱你，然后告诉她，妈妈的心留在这，你摸着它就好像妈妈一直在你身边一样。她居然同意了，折好放在口袋里。其他家长和老师都惊叹，这样也可以吗？太好哄了吧。呵呵，其实小孩的世界就是这么单纯干净的，我想起我读成人中专的时候，离家之前，食指割破了，妈妈给我包上创可贴，等手指好了，创可贴脏到全黑也没舍得把它从手上撕下来，最后还夸张地将它放在我的枕头底下，保留了整整一个学期，最后带回家，郑重地扔在家里的垃圾堆里，方才完成使命般地长舒了一口气，可见我恋家恋娘的程度之一斑。

她们还经常跟我耍点小聪明，去公园玩，天特别热，走到冰柜前就一直跟我说："妈妈，我都好热啊，真的好热啊，你看我都出汗了。"要不然想看电视的时候，葡萄会问我："妈妈，你要不要看一下天气预报？"我说不要，她就会接着确认："你不要看下明天会不会下雨吗？真的不要吗？"

眼看要天凉了，我便放任她们到卫生间去玩水，名义是帮我洗菜，洗衣服。头两天，她们一直这样说："这个真的好麻烦。"后来加了几句，"这个真的洗得干净吗"接着是，"哦，那你试试这个汰渍洗衣粉吧。""轻轻搓一下就洗干净了。""哇，一白就是小白领。"我狂晕，原来两个人在里面学广告语。还有一次，葡萄一直说："累呀，就喝东鹏鹤也。"哈哈，原来是"累了，就喝东鹏特饮"。还有每天要做的一个运动，葡萄管它叫"羊毛起坐"，你们懂吗？

月亮有时候会冷不丁地回忆起一些过去的事情，她跟我说："妈妈，我在海边的时候，看到一个新娘子和一个男的牵手，还抱在一起，他们结婚了吗？你现在是旧娘子吗？"还有一个比较深奥点的问题，就是："妈妈，为什么她们叫你阿姨，我就叫你妈妈啊？"

我让她送一些板栗给磊，送到她的营业厅，我吩咐她自己去找，看她还记不记得磊的样子，她竟然说："妈妈，你太多好朋友了，全都是阿姨，我记都记不住了。"因为每个阿姨都好像很特别，她不但要记她们本身的样子，她们的所在地，还要记住她们的车，她们的孩子，分别对号入座。啊，这对一个三岁半的孩子，真的是一件很费劲的事，于是我要不停地纠正她混乱的思绪，比如厦门的是雪阿姨，开宝马的是干妈，果果哥哥的妈妈是熊妈妈……

葡萄看《好声音》入迷，跟我说："妈妈，我也要到舞台上去表演。"我问她是喜欢唱歌还是跳舞，月亮抢着就替她回答了："我唱歌，葡萄跳舞。"于是我就这样愉快地决定了，以后她们的组合就叫"怀瑾握瑜"。话说葡萄跳舞真的很有天分，但她个性很强，不轻易同意拍照，还有展示。那天她们学校开学典礼，就在操场上，唱园歌的时候，她就是不配合，我问她为什么，她竟然很嫌弃地说："这又不是舞台，我要到那种高一点的地方跳。"意思是最少要搭了台子的，呵呵，以后是有要做台柱子的抱负吗？

对了，葡萄终于有了她觉得比奶瓶更重要的事情，那就是头发。我跟她说晚上躺床上喝奶入睡，头发就会坏掉，会被我一点点剪掉。她怕了，每天早上起来梳头的时候，她都会很自恋地偏着头甩一甩，跟我说："你看，妈妈，我头发长长了呢。马上就可以和妈妈一样漂亮了。"然后，她这次真的成功地戒掉了含奶瓶的习惯。

生活现象

从初一开始，我的手表就戴在右腕上，至今一二十年过去，成了必不可少的一件配饰。当然，我每只手表的时间都是一样的，我确定时间，一定是看它，而不是手机或看墙上的钟表，所以，它必须精准。伏案写作的时候，会把它卸下放在身边，戴着它，或者看着它，就很安全。常期敲打键盘的人，手掌根处都有一小块黑印。

家庭一角。

每天早晨，六点半至七点醒来，并起床。喝下那杯温盐水的时候，总会感叹自己在细节上的坚持与韧性，有些事情，开始要鞭策，靠毅力，然后渐渐成为习惯，回眸一看，原来不知不觉，你重复这件事已经很多年了，而往往，最初你若给自己设定一个期限，便会觉得那是件多不可能完成的事情。

给孩子们套好上装，然后要给足够的时间让她们穿上裤装，鞋袜。她们站在洗漱台的矮凳上，奋力挤牙膏的时候，我开始给她们穿上防水围兜，然后随意绑上发髻，以免她们弄得满脸满身的水渍。我们三个分别在厨房，卫生间，小阳台开始刷牙洗脸。我通常在保养品一层一层地抹完以后，她们还在刷。月亮总是蹋腰翘臀，把下巴仰得高高的，泡泡全从下巴流向她的围兜口袋里，我偷偷地看她，她盯着镜子里的自己不动，研究牙刷水杯，就是没有在做刷牙的动作。当她听到我的脚步声就要靠近或者看见她时，她就马上惊觉地刷起来，牙刷磨在齿上的声音，犹如刷帆布鞋般的厚重。她还扭着小屁股，仿佛在告诉我："你看，我刷得多认真，多好。"

做完这些开始轮流梳头发，葡萄发质粗又硬，跟她性格真像。我在她头顶绑起一小撮头发，再用编发器插进去倒抠过来，她总说："妈妈，你看我又忍住了没叫疼。"她的巴掌脸她自己洗得很干净，还有她的粉色牙刷及白色水杯，她每次用完都会打开水龙头用手擦拭得特别干净，我想她再大一些，一定能把碗洗得很好，地应该也拖得不错。

做完这些她们可以自由活动一下，玩耍的过程我给她们递上半杯水，两片核桃仁，或者一个鸡蛋。然后，我就开始在衣柜前思量今天该宠幸于谁了。我穿了一条皮拼蕾丝的及地黑色长裙，从房间缓缓来出来，她们停下嘴里手里一切的"干活"，仰头看向我说："妈妈，你是世界上最美丽的妈妈。"她们真是对我充满了依恋和羡慕。接着我去整理房间的时候会让她们开始穿鞋出门了，俩人同时坐在地上故意把鞋子左右反着摆放在脚前，问我："妈妈，是这样子的吗？"只为我能搭理她们两个字"不是"，然后她们就正确地穿上了。

她们要轮流开家里那扇门。写到这里，真的有事情本身费劲，轮流的意思就是：月亮先开，出去，再关上，葡萄再开。如果有客人来也是，其中一个先开，然后让客人在外面等着，关上，再另一个开，才让客人进来。最后其中一个摁开关电梯，另一个摁里面去到楼层按键……进园排队刷卡体检进教室，每人说一遍："妈妈，再见，我爱你，你要第一个来接我。"然后做飞吻动作,但是我从来没承诺她们会第一个来接,我只说:"尽量。"

记录可以省略,但现实生活一件也省略不掉,直接跳到下午六点吧,那个时候准时用膳。坐在小桌凳上,总会为我拿错碗或汤匙争吵一番,我至今不明白,长得一样的东西,她们怎么就能分辨出谁是谁的?不过,她们的筷子已经用得很好了,月亮的饭量很不错,而且还能干掉一碗汤,隔会再吃些水果,睡前还要再泡一杯奶,我开始担心她横向发展。

轮流洗澡,不洗头的话还是不觉得特别麻烦的。我去准备水和睡衣的时候,会让她们边脱下装,不过最近月亮还会脱套头T恤了,扣子系上解开也都做得不错,有个小毛病最近正在洗澡时候上演,站着撒尿,我没制止她。她们开始要自己用莲蓬头和沐浴球,把握不住水的去向,总会弄湿我一身。幸好,三年多来,我从没犯过给同一个洗了两次澡的错误,她们长得太不像了。

上床。她们会各拿一本书,所以别人讲一个故事,我要讲两个。然后熄灯,轮流说:"晚安,妈妈,我爱你,等下我睡着了你要来看我哦。"我要应两遍。睡下去之后没有一次可以保证她们没各种屁事了,比如又要拉尿,轮流拉完了,再轮流挤出点屎什么的,然后我要擦两遍。

我用最大的极限来让自己不咆哮,但每天,我还是要高分贝才能完结。接下来我要蹲在卫生间开始洗一只又一只袜子,共八只,一条又一条内裤,共四条。幸好,她们不再尿湿了,已经省到很多功夫。刷子来回刷的时候,我好像出奇的专注，因为这个时候就是我思考人生的时候：
"我的人生，是不是很悲催？"

工作二毛。

工作室原本的营业时间是上午十点，但近两个月来我都赶在了九点以前，就为了抢到一个车位，有时候你想慢下来，还真就是不行。我把"休息中"换上"营业中"，把钥匙挂在门后的挂钩上，打开网络电源，电脑，播放慵懒电台，音乐，已经成了我生命中很重要的一部分，听着喜欢的旋律干活，是我的精神支柱。接着拖地，抹灰，浇花，呵呵，兰花能在幽幽深谷里长得很好，却没办法在我精心料理下存活，它们就要死去。可是，柱萝，发财树，都非常好。尤其那盆绿萝，枝繁叶茂，生命力很鲜活的样子，我随手剪下一枝，插在酸奶瓶里，十天半月都没换过水，它居然长了根，顽强的活在那里。那枝富贵竹在我的柱形玻璃瓶里，越长越高，还在水里继续开枝散叶。

我每天选定三至五套衣服自拍。临近洗头那天是最没状态的一天，头顶发丝开始出油，贴着头皮，加上不化妆，怎么拍怎么丑。美的时候美到没有朋友，丑的时候，也丑到没有朋友，很孤独。戴上帽子和墨镜，不就完了嘛，明星为了省事也不过就如此出门，还很有大牌范儿。一套又一套衣服，造型基本没变，站着，侧着，坐着，双腿交叉，或者翘个二郎腿，别无新意。照片一出，总有人说："衣服真的好美呀，老板娘穿什么都很好看。"然后没了下文。

每天都有约，看衣服的，试衣服的，成交了的，犹豫了的，更多的是聊天的，喝茶的。她们都说："真羡慕你啊，每天这样泡泡茶，看看书，你真有才，还写写东西，最重要的是还能做自己喜欢的事，又有新衣服穿。"我真想告诉她们我蹲在卫生间洗袜子的模样。

我倒真成了一个专门给人灌心灵鸡汤的讲师，因为我突然发现自己有了前所未有的口才及分析能力。熟的不熟的都会在我的蒲团上盘坐着，茶杯里的颜色从浓到淡，跟我诉说她们每个人的故事。熊妈妈教我，接触到消极负面的事物后，就在顾客走了之后用手在身上，上上下下打扫一下，她让我别嫌她神叨。呵呵，我试过，真有不错的效果，亲爱的你们，跟我说了就说了，别回去又后悔怎么又把能说的，不能说的，该说的不该说的，都说给人家听了呢？因为我已忘记。

我的瑜伽开在工作室内仅有的几个平方里，纯属场地利用，最近作为福利，给我的很多 VIP 客户免费赠送，能买到美衣还能让身体得到舒展，还能喝上我的茶，真是件无比惬意的事情，难怪她们总是依依不舍地离去。

我常常渴望，孤独。于家庭，于工作，我都没时间去孤独，不干大事也干不了大事的我，时间总以分钟来计算，看起来很慢的生活，其实充满了节奏感。

我们什么时候长大呢

　　幼儿园门口有一棵树，夏天的时候，早早就守着时间接孩子的家长们都会站在树底下遮阴,但大多都是老人家，所以他们的重心，就是端着各种零嘴水果殷切地盼着拉闸门向两边打开。六点以前接孩子都是可以的，但每次我四点五十到达教室，里面就剩下寥寥无几的小朋友了。有一回，我有点事耽搁到五点十分才到，远远就听见月亮站在门口号啕大哭，葡萄则在一旁安静地看着她，看到我后月亮就更伤心了，一直到家都还在隐隐啜泣、心有余悸的样子，她大概以为自己被妈妈丢了吧。

　　所以我尽量还是争取第一个去接她们，有一回我做到了，就跟她们说："表扬一下我吧。"月亮马上跟我竖起双手大拇指，很洋气地说道："GOOD GOOD VERY VERY GOOD！"然后又突然问我："妈妈，我们什么时候长大啊？"我说："这个嘛，还要蛮多年呢？"接着她又问："可我们都上了那么久的学了，怎么还没长大啊？"很郁闷着急的样子，我就说："你现在是幼儿园，将来还有小学，中学，大学啊，那时你们才长大了。"她居然长长地叹了一口气，来了一句："O MY GOD！"

　　回来我问月亮在幼儿园是不是老师最喜欢的小朋友了？她说是，葡萄马上就说："我也是。"我说："你老是不排队，又倔，那不一定，反正妈妈是不太喜欢这样的小朋友。"她思虑了一会儿噎了我一句话："哼，那你就不是好老师。"

基本每周末我都带她们出去各种春游、秋游，她们会自己奔跑，找小伙伴玩，也知道保护自己。我想起几周前去燕鸣岛参加朋友小孩的生日派对，吹了很多气球，风特别大，葡萄一不留神，气球就被吹跑了，越追越跑，落在一条干涸的河里，她就颠簸着过去，被石头绊倒摔了一跤，然后哭起来。当时别的家长都叫我赶快过去，其他小孩也在起哄，我本想让她自己起来的，但看到月亮马上就冲过去，牵她，费力地把她扶起来，然后还哄她，着急的样子好像在告诉所有人："我自己的妹妹还是得我自己去救。"月亮对葡萄的好常常令我感动，看着她们，就仿佛看见我和我姐的姊妹情深。

　　昨天晚上又听到她们在房间聊天，葡萄问月亮："姐姐，你妈妈叫什么名字啊？"月亮说："黄雨轩啊，你妈妈呢？"葡萄答："我妈妈叫黄美女呢！"呵呵，好想进去问一下她们："是同一个人吗？"

我在生妈妈的气

　　过着与时间竞走的生活，辛劳极了。上周末让月亮葡萄误食了兰花豆，导致上吐下泻，休学，我领着她们轮流上医院打吊瓶，为了忌口，陪着她们吃了好几天的稀饭、面条、馒头，她们打不起精神，情绪也不好，我忍着脾气哄哄骗骗，偏偏这时孩子爸还得肺炎住院了，我跑上跑下帮着拿化验单、送饭……当然，我还是要坚持刷屏发图，发货……每周五是我待在工作室的最后一天，安顿好一切，我想安静地坐下来写完这篇积累了很久的童言童语。

　　葡萄学会威胁我了。她们赖在我房间，要我讲睡前故事，我说回自己房间就讲，葡萄突然正色道："你不在这讲，我就待在这不走。"我原本压制的火被她的表情和言语一下化解了，真是令人狂笑不已。可这一笑，就换来了后患无穷的威胁，月亮如法炮制。

　　月亮也说："你不给我贴笑脸我就一天到晚哭。"然后葡萄不干了，她非说："她学我，她学我，我不是这样讲的，我是讲你不讲故事我就待在这不走。"这真是让人唏嘘一片的事啊。

　　因为葡萄不听话，我同时把怒火引到月亮身上，这是令我最痛心的事，因为总会想起月亮对我贴心的举动，想着我每次抱她起夜她都会在意识并不清醒的状态下还双手摸着我的头，我问她为什么要这样做，她说这样我就不会磕到头了（她睡在下铺，有一次我就磕到过）；也想起上上周我切菜割破手，她特别心痛，每天都问我好几次："妈妈，你好了吗，我看一下，我都好心疼。"

　　相比之下，葡萄真的任性霸道很多。每天睡觉前，由她们自己挑选一本故事书，但总会为了先讲谁手上的书而大吵一番，于是只能用石头剪刀布来决定，葡萄居然拒绝参与，我只能视她弃权，直接讲月亮的。葡萄不依不饶，在我绘声绘色的时候不断干扰其中，我火了就凶她一顿，小家伙大哭不止，月亮就说："妈妈，你把她抱到外面去吧，好吵。"我一下没控制住就把无辜的月亮也训了一通，说她怎么就不能让一下妹妹呢？她突然抽走我手上的书，藏在自己的身后，怨声载道地推了我一把说："好嘛，你去讲她的，我会让妹妹，我什么都会让妹妹。"事后她很压抑，哼哼叽叽，我问她又怎么了，她说："我在生妈妈的气，生妹妹的气。"真是惹人怜，宝贝，这回你真该生气的。

　　月亮只比葡萄大一分钟，但真的做足了做姐姐该有的风范。

长大要嫁老公的

　　孩子爸被月亮葡萄忽悠买回来两只宠物兔，开始他只答应她们去花鸟市场看看，象征性地喂点食，结果禁不住她们的软磨硬泡，连笼带兔，整了一公一母回来。我给它们取名叫小麻和小烦,因为真心觉得照顾两个祖宗还不够，现在还要多伺候这一对，不知道这一家子可否为我想过？每天早晚说是她们喂食，但其实替人做擦屁股的事更扰人心乱呢。养了几天后，发现"麻烦"还特能吃，特能拉，待在笼子里还有到处甩粪喷粪的本事……我几次商量要么过了瘾就送人，但都未果，月亮还每每在睡前交交代代，说"麻烦"离开了我们就好孤单，好可怜，生怕我真将她们生平第一次养的宠物抛弃，一早起来后就会不知所踪。好吧，我也是第一次。

　　月亮最近"赖"上我了，要求我陪睡，使出各种奇招。弄火了我，我就把声调提高，她便安静下来，但隔一会儿便从房间传来可怜兮兮的哭泣声，我冲进去欲发飙，她穿着单薄的睡衣睡裤一骨碌从被窝里跳出来，简直是蹦进我怀里，双手死死勾住我脖子，一把鼻涕一把泪，诉说着她的委屈："妈咪，我好怕你发火，我好爱你。"哇，我那股火瞬间降到冰点，再即刻被她融化，我想她这撒娇的功夫将来一定秒杀男人的。接着我安抚好她，找了个要洗澡的理由让她先睡下，她居然说："妈咪，那你快去洗，洗干净屁屁，就赶快来陪我睡。"……

有一天，月亮说："妈妈，我要永远和你跟爸爸住一起。"我说："不会吧，你长大了是要嫁人的，到时妈妈跟爸爸就只有自己住了，很可怜的。"她马上紧张起来，说："不会的，我会经常回来啊。"我说："哦，原来你不带我去你们家住啊？要不你还是别嫁吧，就可以永远和爸爸妈妈住一起了。"她说："那不行，要嫁老公的。"然后我就问葡萄："葡萄，你以后会让我们去你家住吧？"（当时心里很有自信地问）她答："我老公会说的。"……

暖心的月亮

月亮越长越大，一直很好地延续她的乖巧懂事，甚至更好。最近我常常拥她在怀里，告诉她："你真是妈妈的福气，妈妈是什么福气老天才会派你来到我身边呢？"她就很羞涩地回问我："你很喜欢我是吧？"是的，很喜欢，都忍不住在她睡着的时候偷偷躺在她身边，她半梦半醒搂着我说："妈妈，你怎么来了？"然后很满足地使自己再靠我近一些。

说这些并不是偏心，只是相比葡萄，月亮实在懂事得让人生疼，虽然葡萄总惹得我气急败坏，但依然真心感恩上天派来两个性情完全不一的天使来到我身边……也许她们注定是互补的，两人一起闹腾，一起乖巧，也未必是好的。

特别写下月亮专辑是因为最近月亮给了我很多的感触。比如她的动手能力真不错，竟然会折飞机了，我便夸她手巧，而神奇的是她会回答我："不是，是我有个巧妈妈。"

尤其是前两天在悠悠家打翻果汁的事件，让我后怕会伤害到她幼小的心灵，幸好整个处理过程我并没有做出不当的行为。事情是这样的：当时葡萄和悠悠在茶几的左边玩，月亮一人站在右边，我走过的时候看见她身后有一杯打翻的果汁，正流进一个玩具袋，我马上说："这是怎么回事，谁把果汁打翻的？"月亮当时不吭声，葡萄和悠悠马上走过来，看了下热闹，葡萄很快就转移话题说："走，悠悠，我们们去玩这个……"我注意到她当时的表情是刻意转移注意力的，剩下月亮一个人站在那低下头来，我好声问她是她吗？她硬是不说话，我想应该是她吧，因为就她离那杯果汁最近，可又不敢断定。第一我没亲眼看见，第二依我对她的了解，如果不是她，她一定会说不是，可如果是她，她也一定会说是，但这种表情是几个意思呢？我边收拾残局边说："那等会我把监控调出来看一下，就知道是谁了。"月亮一听这话，就啜泣起来，我俯身过去，她在我耳朵边低声说："妈妈，我承认，是我打掉的。"我一下明白她为什么会这样了，因为她觉得委屈，因为最先这杯果汁明明是在葡萄和悠悠面前的，但她也不知为何果汁跑到她身后了，还有她更不是故意打翻的，果汁当时是放在她身后沙发沿上的，那里很不平整，谁从那里经过都有可能不小心碰落……她大概觉得很冤枉吧，但事实又确实是她打翻的，所以她不知如何是好……我安抚好她后，便开始追问到底是谁把果汁放过去的？葡萄很快就答"不是我，不是我"，然后一直在转移话题。她倒是真的很能坚持，几天后再提此事她依然说不是她，当然，也可能真不是她，因为我也同样没看见是她端过去的，于是只能当蹊跷事件不了了之。

过去葡萄耍赖我起身就走，或者把她晾在门外，月亮都不会有什么异议，但最近她很会护着妹妹了，她不再允许我丢下葡萄。尽管葡萄一直欺负她，她也未曾改变初衷。有一次我实在看不下去，就鼓励月亮反击还手，但她一直哭，一直说不敢，她要我待在她身边保护她，我说："我要去忙我的事，还有我不是教了你要学会保护自己吗？你这样在外面怎么办？"她边哭边说："妈妈，她是我妹妹，我不会打她的，在外面我就会保护自己的，你放心。"她这么小就会说这些，怎能不叫人疼呢？

而且月亮还很会弥补自己的"过错"（她可能自己认为那就是过错）和照顾我的感受。一次她没好好把饭吃完，我就指责她浪费粮食，后来我同意她把剩饭扔进洗碗池就没再管她了。没想到她一会儿把我从房间拉出来，说要给我看什么东西，原来她已经把她们自己的小饭桌收拾干净了，还把所有的鞋子摆放得整整齐齐，她见我夸她，马上顺势就说："妈妈，我没吃完饭，但我收拾了桌子和鞋子，这样你也会给我贴笑脸对吧？"（奖励她们做了好事就会贴笑脸图案在荣誉板上。）

还有，月亮的细腻也是令人称赞的。我在卫生间泡脚，让她去书柜随便取本书来。她居然拿了《枕草子》，还有一支笔。我问她为什么会选这本书，她说："因为我发现你总是在这本书上画画的。"（我对书本上好的句子都会做记号画线。）我以为我平常看书，她们玩她们的，她们又会知道什么呢？其实不然，这个举动更加坚定我要以身作则的信念，因为你做了什么，只要在孩子视线范围里出现过，她都会知道。

有一天我们很开心地去买了很多衣服，月亮说："妈妈，你给我买了包包和化妆品，等你老了我也会给你买房子。"我说到时你不会嫌我是老太婆吗？她说："不会啊，婆婆不也是老太婆吗，我还不是好喜欢她啊。"不过要帮我买这个、买那个的话葡萄心情好的时候也说过很多，只是她一不爽了，就会威胁我以后再也不给你买了之类的话。

至于月亮每天倒水给我喝，拿鞋子放到我面前，拿椅子让我坐下，总说怕我辛苦怕我累的话，更是常事，但每次都让我觉得新鲜，每回心窝里都温暖至极……

宝贝四周岁

有多久没再纪录，没有勇气回看上篇日志的时间。

我从不用忙做任何借口，忙便是忙，不忙也要制造出忙的事情，因为现在的时光，就是去做事的时光。

孩子的成长变化，依然在我随身携带的记事本上密密麻麻。但每年今日，也一定在十二点以前完成，特殊事件特殊处理，因为时间是定格的，当下的感受和情境是不能重现的。

早上，收到朋友为月亮葡萄庆生特别制作的动画短篇，配了图片和文字，瞬间碰触到四年前的今天……截至现在，我有几百条祝福尚未回复，不知道是我沾了孩子的光，还是孩子增色了我，一直都特别感恩一路有你们，亲人，友人，甚至路人……让我觉得世间只有美好和阳光，温暖备至……

今天月亮说了最多的一句话就是："妈妈，你知道你为什么会生这么乖的宝宝吗？你都没有见过这么乖的宝贝吧？"呵呵，答案和问题都很稀奇。是的，为什么呢？

葡萄也开始愿意主动去分享和谦让了，花了很长时间跟精力去融化她，尽管她还有欠缺或不长记性，但相信在她和月亮共同成长的岁月里，一定会越来越好。

你们长大了，四周岁，体重 17 公斤，身高 107 厘米。月亮有好的性格，葡萄初长成美人坯子……这些远不够我对你们一天天变化的概括。妈妈对你们的爱，希望能内容大于形式，不再执着于相，也是妈妈一直学习的方向和修为。

从你们开始降临在我身边的那一刻起，妈妈便随同你们一起重生，共勉成长……生日快乐，我最爱的宝贝们，妈妈给你们最深的祝福。

写给女儿们的话

怀里揣着瑾，手里握着瑜，每每想起你们，看着你们的视频照片，还有过往纪录你们的成长文字……总是感慨万千……总有不断涌现而来的各种画面……就像恋爱一样，回味的样子，嘴角都要微微上扬，有点傻，有点痴……你们，是妈妈灵感的来源……

六月底把你们送回赣州，至今。好像彼此都到了一种极限，再不相见，都没法自持了……上周，你们在视频里扭扭捏捏说要回昌，半撒娇，半开玩笑，半认真，开始不愿挂断电话和黑屏……我内心渐渐不安。

然后接着几天，都会提到我什么时候去接你们，我慢慢抚慰你们，给你们讲妈妈为什么现在来不了，也告诉你们妈妈具体在忙什么，也告诉你们从现在起倒计时还有多少天……你们似懂非懂，说会理解我……

晚上在外用餐时，旁边坐着一个还在婴儿推车里的孩子，我看着他呆坐了很久很久……思绪完全被拉回三年前，我推着你们，还有真正的怀里揣着手里握着的情景……一幕一幕，仿佛还在昨天……

妈妈何曾不思念？背后想得心都疼……难过的时候想起你们我会哭，忙碌的时候想起你们我会有无限动力，累的时候想起你们我会笑，疲惫尽散……

昨天，在电话里我已经听到你们隐约的哭泣，你们有着跟妈妈一样的隐忍和坚毅……因为已经和你们讲过道理了，所以你们即便如此想我，也没再说过要我去接的话……可是，你们是我心爱的女儿，妈妈来了……

彻夜未眠，五点从床上愣愣地起来，天好像还不那么明亮……我把家里所有的零食都带上，因为没有空，没来得及去给你们买……还带了一些玩具，塞进沉重的行李箱，妈妈坐火车穿过 46 条隧道，500 多公里路程，放下一切来拥抱你们……你们最喜欢突然看到我，然后无比惊喜的感觉，是吗？

本来想在标题上写《心生愧疚》，但想起自己这些天从姐姐身上学会的一些道理，就打消这个念头了。早上我还在朋友圈编辑了这样一段话——有的时候，我们做出一些决定，选择走哪条路，内心会纠结是否对不起谁？其实，所有的遭遇都是种子的显现，不存在对不起任何人，我对不起的，永远只会是自己……呵呵，多么痛的领悟！

是呢，既然这样，就不要让自己一直停留在这种愧疚之中了。我最爱的宝贝们，妈妈又有些话想跟你们说……

自从妈妈创办以你们名字命名的公司以来，一直跟自己，跟你们承诺，等经营稳定后就一定安排好时间给回你们像过去那样的陪伴。但是，妈妈走着走着就架在了上面，难以下来，也许是妈妈能力还不够，并不能真正做到家庭与事业之间的平衡。从上半年开始，尤其是这个学期，开学快两个月了，那天我偶尔翻一下你们的书包，发现每周需要签字的家园联系册，我连看都没再看过，你们这学期学的新书，新知识，我一概没有跟上节奏，还有给你们在园里办的阅读证也只借阅过一次，现在连借书证也不知被我遗失到哪里去了……瞬间无法原谅自己对你们忽略的程度，如果妈妈没有觉醒，我想，这将会是一件非常可怕的事情……

昨天，园里又组织你们秋游，摘火龙果，今天是你们第一次录电视台节目，可妈妈都没有亲自参与，没有陪伴你们，没有像过去一样，跟你们一起感受和分享其中的点滴……脑子里全都是妈妈现在的工作……

妈妈现在在离你们很远的地方出差，呆在酒店写下这些文字，不想说无用的抱歉，只希望能提醒自己不忘初心……亲爱的宝贝，妈妈爱你们……

你是胖大姐，你有公主病

因为对自己的事业定位有了全新的改变，所以前所未有的忙碌，导致我没有再像过去一样真正实行对孩子的成长进行"日志"，甚至还退化到月志、几月志了。虽然内心时而也会愧疚与不安，但终归还是坦然，因为不是犯懒才停下，没有记录不代表我从此不再记录，没有坚持，更不代表我没有观望到孩子的变化。

今年暑假把月亮葡萄放在赣州近两个月，回去接她们时，她们早已迫不及待地要跟我回南昌。到家那天我们放好行李，准备出去吃晚饭，她俩甚至都不愿起身，稳稳地坐在沙发上，说你们去就好了。那种样子和感觉就好像：我们得稳稳地待着，哪儿都不去，家才最安全！呵呵，你们是有多恋家呢？在老家住长了的日子，她们好像成了彼此的精神支柱，最近听到她们说得最多的一句话就是，"姐姐去哪，我就去哪"，"妹妹去哪，我就去哪"。

去年暑假接回她们的时候，孩子们还透着吊儿郎当的习气，这次好像完全长大了，我原先准备接招对付的活儿完全派不上用场，不过她们给我来了个更难适应的局面。24 小时不允许我离开她们的视线，尤其到了晚上，月亮强烈要求独自霸占，要我陪睡。我开始答应了，可人家根本睡不着，很兴奋，在你身上紧紧搂贴着，后来我假装睡着，她就在你脸上，不停地亲吻着，嘴巴还念着："我是王子殿下，我要把公主殿下吻醒。"后来我假装生气，要求她自己睡，这一举动还了得？她大哭大闹只有一句话："我要你陪，我要你陪……"我气到不行，要求她："你说要妈妈赚，要妈妈赚，不是赔！那我就睡下来。"她不听继续要我"赔"！于是我强行出房门，哇，她开始虐我了，撕扯，抓挠，欲推我，其实又不允许我离开半步，就跟谈恋爱似的，虐心，这招其实是更小的时候葡萄玩的，现在不知道怎么月亮也学会了。

不过会出现这种情况是因为离开我太久，没有安全感，我应该表示理解和包容，她们其实还算正常，还算真的长大懂事不少，言谈和思想，都有很大进步。昨天我从车里拿下很多东西，等我收拾完车内卫生什么的，发现月亮主动帮我把一件一件物品都已经提到电梯门口了。到了晚上她们坐在床上一人捧一本书，等着我来讲。我跟她们商量，说我已经开了一天车有点累了，然后腰也不太舒服，月亮马上合起书本并放好，把我拉过来问："妈妈，腰在哪里？"边问边就按捏起来。想想这些贴心的举动，都没有办法不去包容一个孩子偶尔的任性……孩子很单纯，想要孩子做什么，她们都不会质疑和顾及，完全无条件地尽她们所能来帮你。可是大人于孩子，于大人之间，总是选择拖延，各种理由和借口……

附上几段很有意思的童言童语：

葡萄："你是个胖大姐。"

月亮："你都有公主病。"

葡萄："那你睡到那边去。"

月亮："我为什么什么都要听你的？我昨天把我全部

的花卷都分给你了，你还这样，我就把这个事情放在心上，我放到心里去了，以后我就不分享东西给你吃了。"

然后月亮跑到我身边，跟我耳语："妈妈，妹妹都喊我三次胖大姐了，你还笑，还说我好可爱？"

一次在餐厅，葡萄很兴奋，嘻嘻哈哈。我说："能不能优雅点，淑女一点？"然后她暂时收敛了一下，很快又犯，我声音频率开始调高，葡萄马上说："你不是说淑女是不会大声说话的吗？"我是不是自己给自己挖了个坑？

葡萄超喜欢看帅哥，看到姐姐的男朋友，一直用痴情的眼神看着，我轻轻地拍了拍她，示意她收敛一些，她人是转过来了，头也回到我这边，但眼神还是处于迷离状态，幽幽地说："妈妈，我都看傻掉了……"哎，妈咪也喜欢看，但是还知道害羞呀！

我准备把那千丝万缕剪短一些，月亮比较担忧，说："妈咪，你不会剪成光头吧？光头像话吗？你想想光头化妆像什么样子？你还是想去当和尚？你想想和尚化妆像什么样子？"这小样，看你平时大大咧咧跟男孩子似的，还蛮有女人心，还没理发就快吓死宝宝了。

月亮现在对亲戚关系已经分辨得比较清楚了。有一次她唠唠叨叨说她外婆怎么怎么了，我说："哦，这个事情是婆婆不对，回头我批评一下哈！"然后她马上说："她是你妈诶，你还说她啊。"

独自去旅行

2016.1.22。大雪天气，一早，先满足了月亮葡萄想玩雪的愿望，带她们在天台和地面都玩够了，然后收拾起行李，把她们交到朋友手上，送她们上了动车，驻足目视她们远行。

这是她们第二次去到厦门，不过也是第一次在没有我的陪伴下独自旅行，她们还未满五岁。很多人问我，如何放心？呵呵，我总是后知后觉，被太多人质疑才会反思事情的本身，怎么放心呢？如何不能放心呢？这些我真的没有太多考虑，因为根本就没把这些放在我需要思考的范围里。全部基于无条件信任朋友和孩子。

朋友安排得特别好，每天行程都满满当当，及时给我发来照片和动态，晚上就跟我视频电话，我从未觉得她们离我很远……她们在南昌最冷的日子，去到了相对暖和的城市，她们去钓鳄鱼，去植物园，去爬山，去海边沙滩，去游乐场，去泡温泉，还去KTV……她们根本没有时间想我……

那段日子恰好我最忙，公司要进行全面改革，我每天早出晚归处理安排很多烦琐事务，所以，我也没有时间顾虑她们，还要感谢朋友帮忙，带离她们给予了我足够的空间完成年底工作。

整整十天的时候，我驱车八个小时到了厦门接她们回家。每每这种感觉，见孩子就如同见情人，她们怎会真正忘记我这个妈咪的存在，见到我那刻冲过来就是一顿熊抱狂吻，然后就和又重新长回了我身上似的，一分钟也不允许离开。慢慢地会告诉你一些趣事，一些她们姐俩的争吵和各自的委屈……

晚上睡在一起，我左拥右抱，她们躺在我怀里，安然入睡。我抚摸着她们的小脸蛋和小背脊，幸福延绵，住的所在很温馨和有感觉，以为她们已渐入梦乡，想轻轻抽身写下文字，却被她们分别死死拽住，好吧，只要我在你们身边的时刻，我还是尽量做到心无旁骛，有质量地相守相伴吧……

昨日，返回南昌，一路长途跋涉，夜里九点才到。月亮说，她都快忘记家里什么样了……葡萄说，家里的被窝好暖暖啊……呵呵，家的概念，始终在心。

写在宝贝五周岁

　　我亲爱的月亮，我亲爱的葡萄，你们五周岁了！平日里，我总这样叫你们，常常忘了你们的中文名。

　　我亲爱的瑾，我亲爱的瑜，你们五周岁了！可是，我却用你们的中文名成立了妈妈的公司。

　　我亲爱的 Emma，我亲爱的 Grace，你们五周岁了！你们学校的老师和同学，他们都已经习惯了叫你们的英文名，很洋气，将来也会伴随你们的一生。

　　从你们出生以来，由于双胞胎的身份，也许注定一生都要备受关注，加上我一直以来，把你们的成长记录在笔下，被太多人见证，然后有幸得到太多人对你们的关爱，虽然他们不曾见过你们，但都好像，看着你们渐渐长大。

　　过去妈妈只在空间里记录你们的成长，最近，我也在微信的朋友圈偶尔发表关于你们的文章，有时候想想，不是妈妈写得你们多好，多可爱，而是你们真的够好，妈妈因为有你们这样的孩子，而常常感动不已。

　　我亲爱的小姑娘们，五岁了，会害羞了，会一起躲起来藏点小心思，会一起使点儿坏，会力所能及的照顾妈妈的情绪和生活，会幽默搞怪来逗我开心，自律性很好的你们，不会乱吃，不会乱踢被子来保证你们的身体安康，然后减轻我的劳累，这样好的一双女儿，常常让我嘴角上扬，幸福又满足。

　　我亲爱的小姑娘们，吵架了会让我们不要管，月亮说我们自己会处理好，等处理不了再请大人来调解，我可爱的宝贝，最近是跟着你们的外婆看《金牌调解》看多了吗？

我亲爱的小姑娘们，五周岁的生日，妈妈不能在你们身边一起庆贺，遗憾，脆弱得待在北京的夜哭了。五年前的今天上午9点36和37分，分别把你们从我170斤的身体里抱出来，还历历在目，然后从捧在手里怕化了，到蹒跚学步，到咿咿呀呀学语，一步一步亲手带你们到现在。妈妈无时不在祝福你们，唯愿你们安康快乐。

妈妈来北京之前，偷偷准备了两件公主纱裙，还有芭比娃娃蛋糕，今晚你们就会在除了我，也一样深爱着你们的亲人面前穿上它，点上蜡烛，与我视频，共同庆贺。

我美好的 你们，值得一切美好的祝福，妈妈在遥远的北方，祝你们生日快乐。

她们脑海里的我

我常常让她们闭上眼睛想象我的样子，当然，我也会一样描述她们的样子，她们很兴奋，也很喜欢这个游戏。葡萄说："妈妈的头发像夜晚一样黑，皮肤像金小麦一样闪着光芒，眼睛像天空一样蓝。"

我们将从赣州出发回南昌，葡萄很兴奋，说终于要回去了。月亮对他的洒脱表示不满，说："你就这么开心啊，你都不会想公公婆婆的吗？"葡萄就说："那你就不想爸爸吗，你都几天没见到他了？"最近葡萄很会跟她爸撒娇，亲得不行，果然没白疼，会心里有他人了。

她们一手喂大的蚕宝宝，她们看着它们吐丝，结茧。从赣州回来发现它们已经破茧化蝶，并生了很多的金黄色蛋蛋，我很是感动，要她们蒙上眼睛准备给她们一番惊喜。月亮真的很惊喜，一直抱着盒子不放，她一直有对于生命的好奇、感动与感恩，可是，葡萄转身轻轻地自言自语了一句："这哪里是什么惊喜啊。"看着她失望的表情我忍住怒火教育了她一顿。

隔了一会儿便去画了一幅画，告诉我是公主穿了婚纱，然后又加了一句："哎呀，不过这条裙子好像合不适。"她五岁多了，语言组织能力还经常搞笑，以前说"厉害"全说成"厉不害"。

我有时候也有洁癖的，摁电梯按扭会用钥匙尖端代替。有一天，这一行为终于让她们忍无可忍了，月亮说："妈妈，你告诉我你是怎样摁电梯的？"我想也没想，说："用钥匙啊。"她接着说："你这样很没有礼貌知道吗，我都已经发现你很多次了，都没说，你应该用食指（同时比画这个姿势给我看）轻轻摁下。"我马上道歉，承认错误，表示再也不会了。葡萄也说话了："嗯，承认错误的孩子是最棒的，下次我们可不会再提醒了。"好吧，你们不仅长的像我，现在连语调都像我了，我清楚地反思和看到，原来我平常是这样教育你们的。

荡漾在水边的风情

微风和煦

吹拂在你脸庞

温柔得直抵内心深处

似沉静的睡莲

簇拥着的芙蓉

偶尔

蝴蝶和蜻蜓飞舞

你们

追赶和嬉戏灵动

春来前，树木枯竭之美，因不失其心

冬已去，万物生灵之美，因全然苏醒

夏至深，秋意浓

无一不美

芦苇或水草

都足以荡漾在水边

尽情展示它迷人的风情……

这些年的周末

　　这座城市，想必所有的大小公园，都让我们仨踏遍了足迹吧。那个时候放在双人手推车里，四向轮很是不灵活，费劲。于是刚学会走了，就改单手推车，俩人轮流交换坐，轻松不少。后来总算可以手牵着手，快走慢跑地追赶着……让她们从这些花丛树木，感受着这一年四季春去秋来的变化，甚好。

　　她们看到一只蝴蝶，或路面正蠕动的毛毛虫，马上就温柔似水，动作轻缓起来，嘘声示意我安静，直到这些小动物远离了她们的视线。还有那些花花草草，她们就驻足凝视起来，我想她们是在体验感官美的状态，真是不忍心打搅，我就在旁边一直等，她们欣赏花，我迷恋欣赏花的她们……接着她们会跑来告诉我："妈咪，我记住花的样子了，回去我画了送给你好吗？"……

　　四岁以前的周末，除了喂饱，大概也就在这大自然中浪里个浪。后来按她们的意愿，报了个舞蹈班学中国舞，坚持得蛮好，基本没喊过苦喊过累，并持续保持高度热情和亢奋的状态。所以，从此的每周六晚七点，这件事就又成了我人生路的一部分，而且我知道，接下来，这样的事件会越来越多，我的生命将前所未有地丰盛……

　　然后我就看到她们气质明显提升，脖子拎得老长了，一入镜头就自然身形挺拔，站立行蹲自然就优雅大方起来。乐感培养得也甚是好，车载音乐不管是国语还是粤语的成人专辑，按顺序播放没有她们不会唱的。

于是，年复一年日复一日，我所有的周末，就是行走在各个公园，接送兴趣班，然后，晒美食。我其实还是很愿意在厨房里折腾，美味的程度仅次于美观的摆盘，设计。要理解，一个以形象为职业的人……

夜里

深夜被一声巨雷惊醒，借着明晃晃的闪电鱼跃而起，冲到孩子房间紧紧拥住她们，过了一会儿她又跑去看家里另外两只新进成员，鹦鹉。这是昨天孩她爸送她们的儿童节礼物，兴奋得不行，已取好名字，一只叫茉茉，一只叫莉莉。跟当年为了她们第一次买兔子一样，这位做父亲的总是轻易妥协，从坚决不养宠物的观念，已经慢慢没有原则地往家里增添各种精灵了。我看着它们的样子好像还好，锋利的爪子死死地扣在笼壁上，并且紧紧簇拥在一起。确定都安好后还透过玻璃窗望了一眼外面，偌大的雨点正敲击着它们，水帘般的流动。隐约有几辆出租车还行驶在大道上，本是明黄的路灯在这样的夜色里突然有种昏暗的感伤，好像奋力的抵抗着那倾盆大雨……回到客厅，我贴近那面当年我从赣州搬家带来的挂钟，指针正好两点三十方向。躺下来后，再无睡意……

妈妈今日要回老家了，这段时间住了整整三个星期，因我事业压力一声叹息而来，每一回，妈妈的这种陪伴，都让前所未有地心安，看着她洗洗晒晒，忙得不亦乐乎，我知道，她其实是想只要她在这边，就尽可能地把能帮我做的都做了。那次地震的梦里，其实还有一段情景我没有描述，当我失去重心随着开裂的路面往下沉陷时，我大喊了一句："爸妈，如果有下辈子，我还要做你们的女儿……"呵呵，我很庆幸自己虽没有在一个优越的环境下成长，但我的父母依然给到我无限的幸福感。

她让我每天睡到自然醒，听到她唠唠叨叨催促月亮和葡萄起床，伺候她们穿衣洗漱，充满着家有老人如有一宝、家有小孩欢乐无限的温暖气氛。直到妈妈带着她们去学校，在一声关门后整个房子瞬间恢复平静状态。然后我慢悠悠起来，在这一段时间里，除了享受妈妈带给我的安逸，还有孩子们带给我的感动，因为洗脸台上，每天都放着一杯盛满的水，杯沿平放着已经挤好牙膏的我的牙刷。还这么小的孩子，为我做这些事情，从来没在我面前刻意表现过，更没有因此来索取我的赞扬，她们只是默默地在做。

孩子不断给我惊喜的同时，也给了我很多向她们学习和成长的机会，我一直都这么说。前两天特别热，同意让她们一人吃一根雪糕，没想到夜里葡萄就咳嗽不止，第二天她们下楼去玩耍，又一人买了一盒冰淇淋上来，我就和葡萄说，姐姐可以吃但你的体质可能不行，她就听话地把它放进冷冻箱里，什么也没说。想起前段时间，带她们参加朋友的婚礼，一人得到一盒糖果，回来很自觉地叫我放在高处，每天放学回来就请我拿下来给她们摸一摸，看一看，然后又放回原处。其实我从未强制性要求她们，可她们在看到其他小朋友因常吃糖导致牙齿损坏，还有我偶尔夸赞她们正因为没有像其他孩子一样嗜糖，又保持早晚刷牙的好习惯，才有她们今天那一口整齐洁白的牙齿，她们就自觉地培养了一种叫自控力的精神和品质。必竟还是五岁多一点的孩子，怎能不让我从中感到安慰和欣赏呢？

像例行公事一样，妈妈回去之前我又听到她对月亮和葡萄的叮嘱，什么要体谅我工作很辛苦，回来还要照顾她们，所以要听话，不要让我操心，不要惹我生气。呵呵，怎会呢，我至爱的宝贝们，妈妈从不觉得你们是负担。

步行送妈妈去离家不远，新建起的火车东站，瓢盆大雨，雨伞挡着风已经不太能听使唤地左右摇摆，我让妈妈穿上雨鞋，自己踩着人字拖，挽起裤脚，牵着她过马路时永远站在车朝向我来的那一侧，直到目送她过了安检。

今天的雨，下得真是殷实。

日常

　　此刻特别郁闷，花了一个小时在地下停车场写好这篇《日常》不知道怎么消失了，只留下几段神龙不见尾的文字，一看已被四人浏览，像我这种有强迫症的处女座，简直无法忍受！

　　重写！重写！重写！没有什么比手稿不见了更让人闷心的事了！

　　有一天月亮很正经的和葡萄说："妹妹，以后我们不要玩这个假装吵架的游戏了，不然玩着玩着就会真的打起来，这样不好耶。"

　　月亮从小就不是个喜欢开玩笑的孩子，内心也缺乏安全感。

　　昨天妈妈回老家了，晚上陪睡的时候月亮和我说："你以后不要把我一个人放在家里了。"我很诧异啊，就反问她："我什么时候把你一个人放在家里了？"她答："我说你妈，她都三次把我一个人放在家里，然后去接妹妹（月亮生病了没去上学），两次没哭，一次哭了，其实我都好害怕。"额……听起来真可怜……继续问她："那你怪她吗？"答："不怪。""那你为什么说出来？"她说："我就是想通过这件事告诉你，你以后可不要这样了。"

　　可葡萄的独立自主的能力就强了很多，周末她想睡懒觉，就会跟我讲："妈妈，你想去干吗就去干吗，该干吗就去干吗，我保证只待在床上不起来，不会去给陌生人开

217

门。"于是我准备按她的意思执行，没想到走之前，人家还不忘交代："你要记得带钥匙哦，等下我可不想从暖暖的被窝里起来给你们开门呢。"

月亮跟我较劲，于是我动手打了她，看到她哭完后躲进房间打电话给她外婆，接下来的画面就是：一个不懂事的孩子和一个耳背的老人的神对话

月亮："婆婆，妈妈打我了……"

婆婆："什么，你想我了啊？"

月亮："不是，她打我……"

婆婆："哦你想我啊？"

月亮最后再试图大声点："我说刚才妈妈打我了！"

婆婆依然自作多情："哦，我知道你说想我啊，我也想你，很快我就会回来看你哇。"

月亮好无语啊，认清这状是白告了，这电话看来是白打了……

月亮有天早上起来洗簌的时候，还很有兴致地作"诗"一首呢：

一把牙刷刷刷刷

一把梳子梳梳梳

一个发圈穿穿穿

一点面霜擦擦擦

小聪明和诗意的存在

她们已经有很好的时间观念和规划，对每周一至周日的安排都清晰并惯性执行。比如，周一到周五是要七点起床的，不能赖床，这五天学习日也是不能玩电子产品的。她们会结伴，特别乐意，屁颠屁颠地跑下楼，帮我们买早餐回来（我会写好买哪些品种的纸条），还给我挤牙膏啥的，我真是瞬间幸福感爆棚啊，于是，她们居然作诗给我！！！她们作诗！！！

先来一首葡萄的，哦不，是半首才对。 她念："我是妈妈的小棉袄，穿在身上真暖和。"然后就没有了，我说还有两句？她说不知道了，以后想到再说。好吧，我要疯了，然后月亮也不甘示弱，马上献上绝杀作品！她说："我是一件花衣裳，穿在妈妈的身上好漂亮，还有两句我想不到啊，那就暂时先这样吧！"额……我也是醉了……人才啊！接着诗兴大发，根本停不下来，两人合作共吟：（葡萄说）我是你的太阳，你冷的时候我就晒晒你；（月亮紧接着说）我是风，你热了我就吹吹你。额……马屁拍得我晕天眩地！

某个周五放学回来，两个人在一张桌子上写作业，出来一道算数题，一串一串的珠子相加，然后得出总数。月亮用小手指，指着一颗一颗小珠子，费劲的数，难免眼一花就给数错了，就得从头再来。大概数个两遍，就准确了，然后她再括号里写上得出的十位数。而葡萄，坐享其成，坐在月亮对面什么也没干，低下头拿支笔，貌似在思考，其实是在等着月亮的答案，然后再写到自己的作业本上。真是牛啊，这么小也就会抄作业了，我问她干吗呢，她还假装淡定，眼角露出一丝诡异的笑容。

她们跳舞的地方，马路对面是地税局，月亮问我这栋楼是做什么的，我说是地税局。她若有所思地说："哦，地税局就是全部人在那睡觉的是吗？"额……好吧。

我常常由衷地赞美她们，于是她们也特别懂得欣赏我，总是把我当偶像，甚至流露出羡慕的表情。有一回，她们又对我说："你是幼儿园最漂亮的妈，天底下最漂亮的女人了。"额……我其实怎么听着都觉得别扭，感觉自己像后妈啊。月亮接着说："妈妈，我听说有一个人，女儿很大了，但妈妈还很漂亮。"我说，哦，是吗？我知道她其实是在安慰我偶尔悲伤自己年华老去的心，我问她在哪儿听说的，她说不告诉我，反正是就是听说的。

有一天，葡萄有点泄气地问我："妈妈，我的时间去哪里了？"我再一遍分析她每周的安排，最后她终于知道，她的时间都因为吃饭过于精致，刷牙过于仔细而磨叽掉了……

每天早上，葡萄都要打一通喷嚏，即使没有鼻涕她也要习惯性地浪费一张纸擦拭一下（关于这点我真的很介意好不好），然后像撒雪花一样，从她睡的上铺飘落到下面，常常正好覆盖在我或月亮的脸上。又有一回如是这种情况，于是训她一顿，说："你怎么每次都这样，真的好嫌弃你这个鼻涕包！"然后她比我还生气地回一句："你怎么能嫌弃你自己的孩子！"

晚饭后我们偶尔出去散步，我挽着她爸的手，月亮就会说："你们散步的样子好恩爱啊，这个样子好好啊。"她洋溢着的表情，就好像我说我看到自己爸妈幸福，比我们幸福更重要，感觉更好，是一样的。月亮的情商真的很高，她的心里总有别人。

　　月亮很懂葡萄，每天早上她们都是听着我手机里的音乐，甜蜜醒来的。某天，我提前关掉了，葡萄便一直生闷气，弄得我一阵火就要喷出来，然后看到月亮取来我手机让我打开音乐，说因为我关了所以她妹妹才生气的，我问她是不是，她拼命点头。然后葡萄进卫生间刷牙，月亮就拿着手机跟进去，放在洗衣机上面。小样儿，她们的世界真要她们自己才懂。

　　月亮爱护葡萄不止一点点，自行车买回来快一年了，基本都是葡萄骑着，我问月亮怎么不骑，她就会说因为妹妹喜欢骑，我骑滑板车就好了。每次遇到上下坡的时候，她就会大喊葡萄停下来，然后她跑过去，让葡萄下来，一次又一次帮葡萄推，她说上下坡妹妹骑着容易摔跤，只让她在平路上骑。这个画面常常都感动到我，多么有爱的姐妹情。

　　月亮很细心观察，上周末，我们去拍亲子照，回来后月亮就跟我说："妈妈，以后你要少穿高跟鞋，不然你的脚会红，会痛的。"我说你怎么知道？因为我并没有表示我穿高跟鞋难受了。她说："因为我看到瑜沁姐姐的妈妈（我们一起去拍照的朋友），她的鞋脱下来脚都好红，她说好痛。"

小月亮还有很多曾出不穷的问题,开始像春上笋一样,不停冒尖生长,她会问我白日梦是什么意思,品味生活是什么意思……

　　当然,我也问她们,比如城市和农村的区别,葡萄说城里有新华书店,游乐场,还有老太太开车。月亮说城里有麦德龙和超市,而这些都是农村没有的,那我问她们农村有什么呢,她们马上就知道说鸡鸭鹅、田野和菜园……哈哈,现在开始可以有思想地聊天了,这种感觉真好。聊着聊着,她们就延伸到我和她爸怎么认识的。我说我在农村长大,爸爸在他出生的城里长大,然后我们都来赣州工作,所以认识。葡萄就说:"然后你们就相亲相爱了是吗?"额,总要先了解一下,再相处才能相亲相爱吧?然后月亮郑重其事地说:"也不能嫁给不喜欢的人。"葡萄来劲了,接着说:"也不能嫁给猪头,不然你说什么他都听不懂。"我也是醉了,不能聊下去了,这母女……

优雅的葡萄女神

葡萄，天生的公主神态。记得去年暑假，她作的样子让她的小表哥看不惯，拉帮结派带着月亮一起说她有公主病，那个时候我也觉得葡萄作得有点过了，但随着她渐渐长大的身体，她的言行举止，无不透露出她天生有着高贵和优雅的气质。

我有时候真觉得她好看，特别好看。就像在欣赏一个别人家我不认识的孩子。很羡慕她那种安静的美，她的眼睛有时候内双，有时候很单，有时候又特别双，黑色眼珠透着亮光，一闪一闪的。她感觉到我看她入迷的时候，就会轻轻转过头来，煽动一下睫毛，像是在与我对话，然后欣然接受我对她的爱恋。

葡萄动作很轻。轻轻地拿起，轻轻地放下，从来都很善待经由她手的物品。如果我们动作重了，她还提醒我们的行为是不淑女的，这个我们，指我和月亮。她吃东西的时候，很慢很慢，细嚼慢咽，稍微弄到一点在嘴角，她便会马上抽一张纸巾来擦拭，一张又一张，特别奢侈，其实我有一点介意这种浪费，于是为她准备一块手帕，可她好像有洁癖，不能接受擦了又擦的东西，我只能作罢，不再打扰和破坏她的讲究。

她一直不肯吃肉，长期吃素，但是除了牛排。她好像天生就应该吃西餐，她蹲下来拾东西，她使用刀和叉，我都没有刻意教过她，可她却完全能按标准的礼仪规范来操作，我很诧异。我看她切下一小块牛排，还觉得太大，不能全部放进她的樱桃小嘴里，于是一块还需要分三小口才能吃完。坐在她对面的月亮，早已胡吃海喝，弄得满嘴都是沾了牛排的蘑菇汁，她一副很嫌弃月亮这种吃相的样子。

有一回，我要她吃完一对鸡翅，才同意买冰淇淋。这对她来说着实蛮为难，第一，她真不爱吃肉食，第二，吃这玩意会毁了她的优雅形象。然后她一直努力用一把叉子尝试叉中一块鸡翅，可是没有成功，滑地上了。我说："你能用手吗？"她马上一副绝不能接受的样子回我："不行，多脏啊。"这个时候月亮早吃得只剩骨头了，边咬边跟我说："人家都是淑女耶，很优雅的，怎么可能拿手抓啊。"同样是很嫌弃葡萄的表情……

她们就这样，相互嫌弃着，又相互拥护着彼此。

补充：幼儿园组织春游，一人交一百。我让她们在家洗了两次碗筷，收拾整理客厅，然后挣得去游玩的费用。看老师发的照片，好像玩的蛮开心，回来葡萄用很严肃，不可思议，不能理解，不敢苟同的表情，跟我讲了一件事。她说："妈妈，老师让我们全部脱了鞋子袜子，踩在那里！"我说："哦，玩沙子是吗？"她说："不是，是排队，排了好长的队。"她越说越有点激动的意思，我马上明白了，她有意见是因为她打心底觉得她那么优雅，淑女，怎么可能在外面这样打赤脚？我问她排队去干什么？她说："玩蹦蹦床啊。"然后就瞬间忘了脱鞋这件事，接着神采飞扬地讲起了她们玩得是多么的嗨皮。

葡萄的语言组织能力比起月亮，会稍微欠缺一些。她问我："妈妈，我们是不是转去新加坡读书？"事实是下半年我们要搬新家，要转园，然后她知道她们有个干妈在新加坡，所以，不知道她怎么把这个逻辑联系起来，理解成我们要去新加坡了。

洗澡的时候，葡萄把自己洗得很干净，跟我说："妈妈，我把我的小脸皮也洗得干干净净的呢。"额……小脸皮？？

我给她穿上一身漂亮的雪白纱裙，她会一整天都心情很好，笑得甜蜜而又满足。她的头发像我一样乌黑又浓密，垂下来的时候是自然中分，特别好看，你们知道吗？能把头发中分的脸型，五官，真的不要太好看呢……

葡萄的理性思维

葡萄常常在家扮演老师的角色，我就在一旁观察她。她把家里所有高矮不一的凳子摆成一圈，然后把自己和月亮安排在中间两个位置坐下。她习惯性说"首先"。于是她这样说道："首先呢，我给大家示范一下怎么样从凳子上走一圈。"然后她就自己走一遍，走完就说："接下来我请一位同学上来走一次。（其实只有月亮一人）"通常月亮都很配合，举起小手说我来我来，于是就被请上去。这时候葡萄除了刚才亲自示范一遍，现在我看到她还手把手从先抬哪条腿（尽管月亮都会，但她也要坚持这么教），到保护月亮的安全（她把一张一张椅子尽量靠紧，而不是缝隙太开以防万一月亮踩空）再到月亮完成后，她请她坐回原位并加以鼓励，都做到了一个老师应该具备的基本操作流程。

接着她又说再请另外一位同学来学骑自行车（还是只有月亮），她一样地亲自示范一遍，并交代了一下重点，就是掌握好方向盘。我看她扶月亮上去，并抓着她的脚踩实脚踏板（月亮情商很高，假装自己全然不会的配合她，向她求教，听取她的建议，无比配合）。

孩子在两岁多的时候会遇到比如鞋反着穿，或者一定要固执己见先穿哪只后穿哪只的现象。其实这个正是孩子建立秩序感的关键时刻，很多家长会因为赶时间或不耐烦等原因强制性扭转孩子的行为。我很庆幸在那个时候没有

226

去破坏她们的秩序感建立期，男孩需要培养感性思维，同理女性天生感性，所以需要给她们适当培养理性思维，才能达到平衡，思维决定行为，将来对孩子的成长都将带来莫大的帮助。

葡萄说话和处事一直都非常具有调理和完整性，她洗的碗我从来不需要洗第二次，可以完全放心使用，这样的孩子或一直保持下去，将来长大成人，我想一定能获得他人信任。起码现在，葡萄一个人在家，或者委以她一些小事，我都可以放心，她向来做到了，并做好了。

去年，孩她爸跟我说，将来可能只有月亮会留在我们身边。我知道，是他也看出来葡萄长大后可能会有她自己的定位和抱负，会离开我们自己出去闯荡，因为，我们知道并深信她有这个能力。而月亮，是个感性的憨宝，是个粘人的跟屁虫，我也愿她憨人有憨福的未来……

你们都是我怀胎十月，接受同样教育的宝贝，性格截然不同也曾另我不可思议，不过现在想想我更应该庆幸有你们带给我迥异的脾性和思维体验，因为我已然开始觉悟需要用不同的教育方式与你们交流和沟通。将来你们都会通过自己的努力获取自己想要的生活状态。但是，这并不影响你们默契，相亲相爱一辈子……

关于美和可爱

给月亮葡萄分别买了一件写着"主要看气质"和"小萌妹"的T恤。根据她们的性格，自然是月亮穿小萌妹，葡萄穿主要看气质。于是最近就常常出现这样的现象，葡萄自信的认定给她穿主要看气质就是表示她是靠颜值取胜的，而月亮穿小萌妹表达的仅仅就是可爱的意思。月亮开始不是特别能接受，总觉得可爱是不及美的层次，但就像被催化一样，被葡萄熏陶多了，她慢慢也就懵圈了。

葡萄说："妈咪，为什么不是'总是看气质'，而是主要看气质呢？"额，真好的创意，是可以这样改，我回答她。

月亮说："妈咪，小萌妹就是脸蛋好萌好萌的，好可爱的吧？"额，你的确相当可爱。

我端详着葡萄说："宝贝，你笑起来真好看。"

"你的头发真浓密，真滑溜，和你的皮肤一样滑溜。""你的牙齿真白，真整齐。"每当这个时候，月亮就会嫉妒丛生，她总是要挤过来，嚷嚷着："那我呢，那我呢？"开始我总是用适合褒奖她行为的词语也赞她一番。可后来就觉得这样不对劲了，我开始严厉开导她不准许有这种比较的心理，让她明白每个人都是不一样的个体，都有不一样的闪光点，更可以通过自己的努力获得自己想要的样子，而不是攀比，效仿。她似懂非懂，已经开始在我欣赏葡萄的时候，刻意忍住不让自己开口说这些话了。

其实我亲爱的月亮，你不知道你心地有多么善良，心里永远装着别人，体谅妈妈，爱护妹妹，在班里永远得第一，领到好多小红花，还刚刚成为幼儿园里的明星宝贝，然后换成奖品还分给葡萄……这么多妈妈盼不来你却与生俱来的好品质吗？你皮肤白皙，笑起来似一轮弯弯的月牙；你发质绵软如同你温柔有爱的脾性；你一上舞台就瞬间小宇宙爆发，全场都为你鼓掌……

再多美好的词语，句子仿佛都不够用，那是一位母亲对孩子全情的爱……而我亲爱的孩子们，将来你们长大成人，一定会遇到诸多阻力，打击，甚至溃败，但妈妈要你们记住，起码，在妈妈的心里，你们永远都是妈妈最为美好的精灵，我愿意用一生，赞美你们，祝福你们……

对葡萄的愧疚

月亮性格总体还是比较温和及谦让的，可唯独在陪睡这件事上从不妥协。过去我其实并没有养成和她们睡在一起的习惯，打小她们就独自在自己床上完成睡觉这项工作的。可经过几次把她们送回老家再接回来，貌似有缺乏安全感的现象后，加上月亮软磨硬泡，于是母爱一泛滥就一发不可收拾了。月亮为了让我陪睡，真可谓是想尽办法，先是祥林嫂似的提醒、要求，我借口要洗澡，她就会从房间不断跑出来，不是告诉我这痒就是那疼，我在跟她发一顿火之后，很快就能听到她传出来的隐隐啜泣到嚎啕大哭的声音。心情好的时候会迁就她，心情狂躁的时候真是无法忍受。

然后她其实也知道这样只陪她一人的要求是有一些过分的，于是她每天大概凌晨五点的样子就会起床溜进她爸的房间，等到全部都正常起床后她会跑来告诉我："妈咪，我已经陪了你老公了。"我跟她争辩："我老公我自己会陪好吗？我应该要陪我老公的，而不是天天陪你啊。"她说："你老公就是要女儿陪的啊，以后你们老了不是要我们陪的吗？"那一刻真的很想揍她。

私下她还知道去和葡萄商量，动不动就给葡萄洗脑，我听到她睡前总爱跟葡萄说："妹妹，我睡觉总是踢被子，然后又到处滚，如果我睡上面，妈妈就要爬上爬下来照顾我们好辛苦的。"不晓得葡萄是真的可以领会，还是她一个人睡上铺她也并不是那么不可以接受，所以慢慢地，我也以为葡萄她可能就喜欢一个人睡吧。直到昨晚，她惊醒了我……

我好不容易哄到月亮换葡萄下来，她去睡上铺，尽管她百般无赖我也坚持了原则，直到她眼角挂着泪痕进入梦里。葡萄躺在我边上，反而久久没能睡着，她一直拉着我的手，紧紧的拽在她胸前，然后不停的亲吻我的手背，喃喃自语道："就喜欢和妈妈睡，就不放开妈妈的手，永远都要和妈妈在一起……"我的心开始一点点被融化，我的葡萄是不是缺少爱了？我质疑自己！然后我跟她说："来，妈妈抱抱你。"然后我准备伸手的时候她已笨拙地爬到我身上了，她看我愕然的样子有点尴尬，因为我的手还悬在半空中，我是准备要把她枕在我手臂上，准备要拥她入怀的……可她没有经验，她不知道原来我说的抱抱是这样的姿势，她不像天天睡在我边上的月亮那样跟我有默契……所以她有一些惊囧！

自责和愧疚蔓延在我身体的每一个角落，抱着我亲爱的小宝贝想哭，她也懂，特别配合地像只猫一样蜷缩在我怀里……

早上我送她去上学，特别的，单独的跟葡萄说："宝贝，妈妈最小的宝贝，我爱你，很爱你，你知道吗？"她说："嗯嗯，知道，妈妈我也爱你。"

葡萄怎么就喜欢一个人睡了？！

月亮的创意

月亮说:"妈妈,我设计了一本书给你,我是不是很有创意?我是不是一个创意小孩?这是我送给你最珍贵的礼物,你都感动哭了吧?是不是心里全都是月亮啊?没有一个葡萄啊?那你还说全都是月亮啊。那我那么会做事,是不是好多人就来找我做啊?那我不是会累死啊?那就让他们排好长的队吧。"

以上这段话,我若不赶紧记下,很快就会被我健忘,尽管这样,我还是在给月亮洗澡时,把她说的其中一句让我给遗漏了。于是我跑进她们房间,试图让月亮帮我回忆,她着实认真的样子努力搜寻,然后敲着脑袋说:"哎呀我这个脑瓜子怎么想不起来了呀,要不我再去一下卫生间就想起来了。"

估计研究蛮多天了,问她为什么要设计书,她说妈妈喜欢书,天天看到妈妈都拿着书。缠着我要买双面胶,用菜用剪刀奋力剪着,我一直认为她可能就是像我们小时候那样,想做本书的套封而已。可她做完给到我手上,我才发现,她用了大概十几张 A4 纸,对折,然后用双面胶在折中处一张一张粘好,还在每一页左、右下角秩序写上数字,我数了一下,一共 24 页。我惊叹这些都源于她曾经对书的研究和用心。可是我多么愧疚,差点就因我的不经意或不以为然而错过她奇思妙想的创意……

我兴奋之余,同时也心生创意。我用草稿纸写上这本书的书名《爱你，么么哒》，然后把她说过我刚写在前面的话，原原本本地也写在草纸上，她不再字印着字临摹，而是完全有能力照抄，然后写进她为我设计的书里。正常最迟八点半就要就寝，但我不忍打扰，也不应该去破坏一个孩子正在安静、专注的创造。我还看到她在一页文字内容的旁页，又画上一幅画，然后翻页继续填充……

这本书，值得我我一辈子收藏，也是给到我偌大惊喜的礼物，如同月亮所说，珍贵不已。她也许没有想到她做完递给我的那一刻，我的内心感动溢于言表，她也因此而骄傲自豪，有了我的鼓励我看到了她能创造出更多美好的能力与决心。

将来，这本书的内容，会清楚地记载着她五岁三个月十五天，那么大点儿时说过的话……

月亮的一片心

月亮的手工越来越厉害，还生出了许多创意，几乎每天都有新作品，让我应接不暇。

这两天又给一个玩偶设计了一件衣服，没找到布料就用笔画下来，上好色，再用剪刀裁好，放在玩偶身上比画了一下，又觉得裙子短了，于是又做了一件一模一样的，重叠在一起就成了蛋糕裙，还补剪了一件抹胸，最后拿双面胶贴上，还挺像那么回事，我爱不释手，葡萄也很喜欢，想跟我争抢，月亮就哄我："妈妈，你给妹妹吧，我再给你做一个。"

然后还用她滑冰鞋的配件（设置障碍像杯子一样的东西），穿了洞串好绳子，做了一个牛角头箍绑在头上……

我真心羡慕她手巧，因为这是我的短板，就赞美她，没想到她说："妈妈，我做这些都是为了你好，是我对你的一片心，因为你生了我和妹妹，好辛苦。"把我感动得稀里哗啦。

舍不舍得

月亮跟我说："我问小阳，我要转园了你会不会不舍得？小阳答，走了就走了呗。"月亮说他这样回答她很伤心。

于是我花了好长时间安慰她，我说男孩子跟女孩子的表达方式不一样，男孩子什么事情不愿意表达出来，喜欢藏在心里，于是月亮说："那这样他不会憋出病来啊，你去告诉班里所有的男孩子，让他有事就说出来，不然一直憋在心里会憋出毛病来的。"额，我的任务是有多重大啊！

月亮还说："小阳说我好胖，说万入菁好瘦，但其实我跟万入菁一样重啊，他现在就是喜欢跟她玩，都不跟我说话。"

她的样子真的好难过，我亲爱的宝贝，你从宝宝班就一直视小阳为宝，从来没有半点动摇，即便小阳一而再再而三地伤你的心，也不曾计较过，你是有多专一啊……

看着月亮的深情，我深深地被打动，但作为母亲又有多么不舍和心疼……

神一样的对话

月亮要我陪睡到天亮，我说因为做不到，所以不能答应，不然就是骗你。葡萄为了安慰月亮，也跟着说：不能骗人，骗人会长长鼻子。月亮很伤心，边哭边说：那只是一个传说，那不是真的。

葡萄说：妈妈，你们一定要保持，保持到老，这样我们长大挣的钱你才花得到。

月亮唱着歌，被葡萄打断，月亮很生气，责怪她，并说：我耳朵很灵的，虽然你说的很小声，但也打扰到了我。葡萄后来说了点别的，月亮问什么，葡萄说：你刚不是说你耳朵很灵吗？你的耳朵能有猫的灵吗？猫的耳朵是尖的，我们人的耳朵是半圆形的，当然没有猫的灵啊，你还说你的灵？

月亮问我这个是什么（初乳片），我说是初乳片，她说：哦，吃了就会好粗鲁吗？

路上月亮说：妈妈，要是交警抓走你了怎么办？我说：那你救我啊。她说：怎么救？我说：你可以哭啊，说求求你别抓走我妈妈了。她说：可你不是说哭也没用，哭是解决不了问题的吗？（这是我平常对付她们在我面前哭时说的话）我说：那要看什么情况啊。那葡萄就似懂非懂地说了一句：哦，那以后就可以哭了，是吧？

月亮说，妈妈我四岁半之前你说我不爱喝水，四岁半之后养成了喝水的好习惯，你又说我好麻烦。

月亮一早起来吹陶笛，问我："妈妈，好听吗？"我真心觉得好听，何况我是眼看着她如何用心学习和练习一句句的谱子，我说，宝贝，真好听，听到你的笛声，妈妈甜蜜地醒了。她说，是吧，是不是动人心弦呢？啊哈，什么时候学会这么富有美丽气质的成语了呢？

我和她们商量，能不能买一个皮球两个人共用，她们两个都不同意。月亮说，你刚不是取了钱吗？我说取了钱也不能乱花，还要买菜呢。葡萄说，那你不会再去挣吗？我说你怎么不去挣，你看你现在又不好好读书、学习，还爱偷懒，将来怎么学本事挣钱呢？她回，那你不是说你小时候也没读好书，怎么现在能挣钱呢？我说我现在就是也挣不到钱啊，所以才那么大了又重新开始读书，很辛苦的。她说，那你不是也当设计师了吗？我也是醉了，她是下定决心要以我为榜样的节奏啊。

葡萄教训月亮整整半个小时，葡萄说月亮：老师上课你就不认真听，一直讲闲话，现在你背不出来了吧，你不好好学习将来怎么有文化，怎么当科学家，怎么出国？你还说你要当医生呢，你这样下去以后你就去当农民伯伯种地吧，很辛苦的。以后你出国你也听不懂人家说话你就准备迷路吧，你坐在第一排还驼背，老师就是要把你安排在眼皮底下，还守不住你，我现在教你你还不认真听，你就知道拍球，拍球有什么用啊，就知道游泳，游泳有什么用啊？（其实这些都是她目前不会做，不想做的事。）

一回家葡萄就告状：姐姐变了，都会打我了，说好动手不动口她居然打我了。

月亮打了针，很可怜地哭起来，我说别哭了，她说你至少让我哭完这一场来，我问这一场多久，她说那不知道。然后越哭越凶，抽泣着说："我从来都没有在幼儿园哭过，我现在没哭完这一场我怕我等下午休的时候会忍不住哭"，"妹妹又和我不在一个寝室，教室也不在同一张桌子上坐，想着这些我都要哭"。你是有多脆弱？

月亮夜里咳得就要呕吐了，葡萄先是有同情心的，但因为她整宿都在咳，葡萄就说："哎呀，再这样下去吵得我睡不着，明天起来人家都有黑眼圈了啦！"

月亮病得无精打采，我很希望她能进点儿食，交代葡萄去哄她，葡萄没有很多的耐心，随意问了她一句："你就吃一口这个烧麦嘛，很好吃的。"然后月亮依然蔫蔫儿的躺在沙发上，于是葡萄过来跟我汇报："妈妈，我劝不了她，她就像一块耳屎一样，掏不出来。"我估计她是想表达月亮顽固不化的意思，但是，拜托不要形容自己的姐姐是耳屎好吗？我都醉了……

昨天依旧晚归，妈妈告诉我她一直等我到十点多都不肯入睡，不停跑出房间来看我是否回家，然后躺在床上抽泣，跟妈妈诉说对我的思念……她说："婆婆，妈妈没回来我就好想她，我都忍不住流泪，你看看我是真的哭还是假的哭，你抱抱我吧……"于是就抓着妈妈的手往她脸上摸，本来这多动情感人的画面，没想到睡在上铺的葡萄，总习惯性一盆冷水浇过来……

她说："哭哭哭，哭什么哭，妈妈又不是不回来了，妈妈有事儿啊。"边说还边笑，对于这个洒脱的家伙，我也是醉了。想起前两天她"训"月亮，说："你真的以为你自己好强大啊！"额……我只能说，遗传，基因，是在骨子里生长的……

月亮伴着发烧，咳嗽，反反复复折腾了近一二十天。针扎在她身上，依然疼在我心里。看着她日渐消瘦，精神不振，她反而表现出对我有很多的愧疚。她说："妈妈，是不是我最近瘦了，没肉肉了，你都摸不到捏不了了，一晚上都睡不着呀？"我说是啊，然后她又说："你放心吧，我的胃出去旅游了，等过段时间它就会回来的，我一定补回肉肉给你好吗？"我想月亮将来一定是个无比温柔又一往情深的人。

再见，爱弥儿

我大概一周前开始安排，给孩子们举办一个小欢送会的活动，地点就在她们班上。

我请求老师配合我拍了她们与每位小同学的合影，还有录像，老师们要上课，只有抽空来做这件事，陆续花了近一周时间……照片里各种摆拍，视频里孩子们逐个报上自己的姓名，然后送上对月亮葡萄的祝福……看着一张张可爱无邪的笑脸，稚嫩有情的声音……我再一次被打动哭了，我们不做这件事，怎么会知道和懂得孩子的世界？我想，他们会开始学着感受和体验分离的意义与表达……

我把她们与同学的集体照，请人用漫画的形式绘图再框裱出来，然后作为一份特别的礼物，送给每一位陪伴月亮葡萄快乐成长的小同学们。也为园长妈妈和班里三位老师各准备了一束水晶花，写上我最真挚的寄语，感恩她们，祝福她们……

园长妈妈：这近四个年头，我深深感受到您对幼教事业的付出和用心。我很庆幸自己选择了您带领的爱弥儿幼儿园，孩子在这学习到特别特别多的本领和技能，也在这里结识了她们最纯真的友谊……感恩你们用手的温度，传达给孩子的爱和教育……

我们一定常回来看看，也祝愿爱弥儿越办越好……

祝福全体老师工作顺利，让我们用爱，成就更多孩子的未来……

Ruby 老师：从宝宝班开始，陪伴孩子至今的只有您，感恩于心……我知道幼教工作繁忙且劳累，但我依然看到您的隐忍，坚强和执着……我知道，这都源于一颗善良和大爱的心做支撑……我也懂您有太多对生活的憧憬和向往，所以，希望在日后见到您的时候，您依然美好如初……

祝福您，在未来的路上温暖相伴，不要忘记，也许再往前一点或拐角处，会有别样的光景照亮我们前进的方向……

Ammy 老师：您和月亮葡萄待在一起的时间稍短，但我知道她们却深深的喜爱着您，我想她们一定感受到您真诚的付出和爱，才会如此反馈给我……您还很年轻，未来一定无限可能，但所有的经历，我想都不及现在陪伴孩子成长的丰富可贵……因为，这份事业伟大而艰辛，它承载着太多太大的责任与爱……

王老师：您辛苦了，每天照顾孩子们的生活起居，她们说王老师很凶哦，可我发现她们依然喜欢黏在您身上，这是为什么呢？哈哈……只有我懂，她们可能只有跟您这才能找到"妈妈"的感觉，因为您严肃却充满爱心……

离别纵使万般不舍，也终须有时……我们会想念你们每一个人，也一定常回来看你们……

只是我看到月亮和葡萄的些许失落，让我特别心疼与难过。因为，集体照里没有她们的"小男朋友"。

……月亮和我说："小阳去旅游了，我都要走了他还不回来……"于是我就给小阳的妈妈发微信，让他们自己交流，月亮很急地询问小阳什么时候回来，小阳说没那么快，月亮马上就告诉他我们的新家在哪里，然后要邀请他来家里做客……

然而葡萄又说了句令人惊讶、充满诗意的话："妈妈，袁浩宇打包了他所有的东西，去了远方……"这下我彻底被击败了，孩子的世界单纯，也复杂……

我亲爱的宝贝们，妈妈做的一切，也许是某种仪式感的呈现，但将来你们会懂得并领悟，只有这样，我才能帮你们留住这段无比美好的回忆……

最后祝福所有孩子们：在还有一年的幼儿园生涯中，快乐成长，谢谢宝贝们送给月亮葡萄的祝福，谢谢你们赠送她们的爱心礼物，谢谢你们围坐在一起唱得那首打动人心的《相亲相爱的一家人》……

后记

机缘巧合，我在北京学习的日子认识了这本书的编辑卜大大，她当时正在为《缺失的女神课堂》的作者郑小薇女士定稿。我出于好奇侧面跟她打听了一下出书的流程，她问我是不是有文字，都是些什么内容。说实话我当时并没有特别上心，甚至有些警惕。因为我知道，会有很多商业化的成分在里面，加上我其实并没有对自己的文字水平多有信心，充其量我只是写了一些可能比较有趣的日记而已，于是我跟她说，先给她看看内容，其他再说。后来隔了蛮久她才回复我，我内心是窃喜的，起码她没有让我感觉到她有任何急切的商业行为，事实证明，后面跟她相处下来，发现她真的是个特别虎的妞，让我感动的是，她首先用心看了我所有的内容，当她告诉我总共有近四十万字时的时候，我着实被自己过往不经意的记录惊讶到了。然后是她给我看她助理们，催促她分享月亮、葡萄的照片的截图，说通过我写的故事已经迫不及待要看看两个孩子的模样。我这才开始心动，并感恩她们的用心和欣赏，因为我从不想为了出书而出书。因为我想如果我的文字连编辑都打动不了，如何打动得了读者？

后来，初稿形成，样书给到我手上的时候，我正好又在北京学习，在机场候机的间隙，我从来没有想过某一天包里放着的书，会是我写的。然后我像一个读者，阅读一本陌生的作品，看着这些被印刷过，透着墨香的文字，我很难想像，自己曾那样深情过。我被自己感动着，因为这份作为母亲，对孩子浓浓的爱意，在远离地面三万英尺的高空，我重新悦纳过往的自己，当这本书一合上，我就完成了自己人生的某一个阶段，它将意味着我重新起航。

可是在修改样书的过程中，我又曾一度想要放弃，因为看着那些密密麻麻的被我修改和删减的印记，我逐渐失去信心，甚至被自己纠缠得反而有了严重的挫败感。也因此而耽搁了原定的发行日期。在调整的过程中，我把自己放到了一个空的位置，我静下心来重温月亮，葡萄这些年来的故事，而不再计较文字的结构，语言的逻辑。结果发现我内心开始有所变化，会体会到一位母亲和两个孩子因为爱的连接而带来的感动。然后看着月亮如何从一个霸道独裁的角色变成胆小怕妹妹的可怜模样，还有葡萄如何反转尽受欺负的委屈到凌驾于月亮之上的厉害。最后笑意不自觉得就扬溢在我脸上了。我突然意识到，那些我在意的东西都在拉着我渐渐违背初心的走着，后来我告诉自己，无论是人还是作品，在进入大众视野之后，社会上总会相应地出现在两种声音，历史上从未有过一人独揽清誉或无人洗白。就像我在工作当中，一个设计作品或方案出来，人云亦云，有说好的，不好的，所有这些拿出来，外界给到的压力，就是要站在台上的人去承受的，但是，我不要忘了初心，不要忘了，这千千万万个字只是给到女儿们最真挚的礼物。这些种种再次给到了自己力量和鼓励。

初心便是，我亲爱的宝贝，妈妈把你们六岁之前所有的成长记录，作为第一个阶段的礼物，印刷出版，送予你们！将来，你们十岁了，十五岁，二十岁，直到你们成为母亲的角色，我想我也不会停下来写我可爱的女儿们。因为，我希望，我能为我给予的生命，赋予意义。

与此同时，感恩这一路走来，从孕期开始就一直陪伴在我身边的，我的母亲，永远在我一声叹息就立马出现在我身边的您！感恩我的父亲，没有您在老家长期忍受吃泡面的精神，妈妈也是没有办法完全放下你来守护我呢。感恩姐姐在我生她们之前两个月就来护驾，一直到月子结束的付出。感恩先生慢慢学会帮我照看孩子，并参与和建设全家的亲子互动。感恩在她们很小的时候，常常来帮我搭把手的熊妈妈、丹丹、琦琦，还有陪我走过也曾短暂困顿的一票蜜友们。感恩所有月亮葡萄并不认识却常常关注她们的网友们 。感恩我的恩师李小芸老师和《金牌调解》胡剑云老师为我写序。感恩所有愿意停下来阅读这本书的读者们，我们虽不曾见过，但却因此结缘……